「未来への教育」シリーズ①

尾木ママの教育をもっと知る本

本業は教育評論家**尾木直樹**です
協力　臨床教育研究所「虹」

ほんの木

「未来への教育」シリーズ①

尾木ママの 教育をもっと知る本

CONTENTS

「未来への教育」シリーズを
始めるにあたって

どうしても、日本の教育を世界レベルにしたい。子どもたちの幸福感をもっと高くしてあげたい。

尾木直樹
教育評論家・法政大学教授

PROFILE

教育評論家、臨床教育研究所「虹」所長、法政大学教授、早稲田大学大学院教育学研究科客員教授。1947年滋賀県生まれ。早稲田大学卒業。22年間の教師生活にピリオドをうち、臨床教育研究所「虹」を設立。子どもと教育等に関する調査・研究活動に取り組む。また全国への講演、テレビやラジオへの出演、新聞・雑誌への執筆、著書の出版等に幅広く活躍する。最近は、テレビのバラエティ番組にも出演。「尾木ママ」の愛称で親しまれている。著書は180冊を超える。

大震災、原発事故…。今こそ本物の教育を

2011年3月11日、三陸沖を震源とする国内観測史上最大の地震が発生。東北地方や関東地方を中心に、死者、行方不明者をあわせて2万人以上という、まさに未曾有《みぞう》の被災状況となりました。今回の震災はこれまでの日本の教育や学校、教師のあり方や子どもたちの生き方などといったものを全部問い直しているように思います。従来の日本の教育理念や教育制度、すべての背景には競争原理がありました。官僚や役人などいわゆるトップエリートと呼ばれる人たちを5、6%つくり、あとは従順な労働者がいればいいという構造です。戦後の教育は、これらの理念や制度に全部貫かれています。

ですから一人ひとりが幸せになって、その幸せになった一人ひとりの協働によって地域社会をつくり国家のビジョンをつくるという、ヨーロッパ諸国の下から積み上げていく民主主義的な教育とはまったく違います。文部科学省を頂点にして、すべての教室や一人の教師まで巨大なピラミッド型の段階的組織構造で貫かれ、教育行政という強力なヒエラルキー（階層制や階級制）を使う、世界に例を見ない構造をもつのが日本の教育なのです。

また今まで学校教育の中では、原発は安全だと教え続けていました。ところが今回の大震災で、原発の安全神話は完全に崩壊してしまいました。福島第一原発のメルトダウンは、専門家や東電など原発を建設した立場からは自然に対して想定外の事態が起きたと弁明していますが、地球の歴史に比べれば人類の歴史なんてほんの一瞬にしかすぎません。ですから、大きな歴史観の中で言えば、人間が自然に対して想定すること自体が不遜というか、あり得ないことです。今回の大震災に際して、そのことに皆がようやく気づいたのです。

文部科学省の道徳教育では「自然に対して畏敬《いけい》の念を」をいうのが道徳教育の内容の三番目

にあがっています。そこで言われる畏敬の念は、人間が勝手に抱き、勝手に想定してきたもので、ほんとうの意味での畏敬の念はもっと深いものだと思います。

これからの社会も教育も、競争ではなくて共生

今までの原発の安全神話は、大企業だとか先端の技術者とか科学者たちが勝手に引いてきた線引きだったのです。それが今、完全に崩壊しました。その崩壊した姿の根底には、例えば、アメリカのマニュアル通りに原発を建設せざるを得なかったという技術者、研究者としての立場やモラルの問題もあります。アメリカでの原発建設は、ハリケーンや、地上に置いたらロケット弾が飛んできて破壊されると困るから地下に潜らせたわけで、津波の来る日本では地下に電源を全部集中させたらどうなるかなんて素人でもわかるレベルの話ではないでしょうか。教育以前の、私たち人間のあり方が改めて問われています。

僕はテレビのコメンテーターもやっていますが、原発事故直後に一緒に出演していた原発の専門家は、常に後追いの解説を重ねていました。「これでいいのかな、こんな解説だけで本当に大丈夫なのか？　みなさん納得するのだろうか？」そんないたたまれない気持ちと不安に何度も襲《おそ》われました。

科学者の発言の多くは人間としての基本的なモラルや、誠実な生き方からずいぶんとずれているように感じさせられました。今回の原発事故が起きたこと自体がそうだし、その後のトラブルも克服できない、また被害状況も的確に説明できない。東電も一生懸命やっていたのはわかりますが、すべて素人でもわかるようなところでつまずいていて、とても残念です。

そういう点でいえば、普通の公立学校の子どもたちが「これっておかしいよ」と思うことを

そのまま貫いていいんだということが実感できる教育環境づくりをしていきたいと僕は思います。そのまま貫いた学問研究なり、技術開発なり、生産活動なりが、一人ひとりが生きててよかった、幸せを感じられる社会づくりの基本だったんだ、ということを感じとることができるのが教育のあり方だと思います。

それを見せつけられたのが今回の大震災、原発事故でした。こんな話を僕が授業や講演で話すと、学生たちの心に一滴もこぼさず、スーッと染み込んでいくのがわかります。こんなことは僕にとって初めての経験です。

だから、そういう意味では惑わされないで原点に立ち返って、人間が生きるということ、人と人がつながるということを大事にしようと、今、僕は声を大にして言いたいと思っています。「競争」ではなくて「共生」なんだと…。

震災後を子どもたちと共に生きる

震災後の傷跡がまだ生々しく残っている2011年3月末、僕は、まだ避難所となっていた宮城県亘理《わたり》郡亘理町の小学校を訪れました。それまで講演会で何度も訪れたことがあった学校です。

震災後の子どもたちはとにかく元気でした。ニュースや報道番組でコメンテーターが「悲しみを抑えてこんなに元気な姿をみせている」などと言っていましたが、誤解を与えないでほしいと思いました。子どもたちに悲しみを抑えている意識はありません。こんなことを言うと不謹慎かも知れませんが、本当に元気です。抑えていると言うのは大人目線で子どもを捉えているからです。もちろん親を失ったり友だちを亡くしたり、あの厳しい状況の中で喪失感は大きく、それが実感としてまだ表に出てきていないという心理的な面はありますが、子どもたちは純粋に元気でパワフルに生きようとしています。このことを実際に被災地に行って感じました。では、なぜ大人たちはそう言うのかというと、大人自身がそういう生き方をしているからです。〝ありのまま〟で生きていない。何かを我慢し抑えてしか大人は生きられないから「子どもはかわいそう。悲しみを抑えてこんな元気な姿を見せている」と、つい大人目線で子どもの気持ちを捉らえてしまうのです。でもそれは違います。

今までは、それをあまり強調すると時期的に不謹慎だと思われるといけないからトーンを抑えてきましたが、そういう子どもの捉え方は極めて一面的であって、本来の子どもの姿を捉えてはいません。子どもたちは本当に生き生きとしています。今を生きることが楽しいし、素のままに生きています。それは目の輝きを見れば誰にだってわかります。

僕が訪れた亘理《わたり》町の小学校の校長先生が僕に言った言葉がものすごく印象に残っています。「これまで総合的な学習だとか生活科の学習で、生きることをテーマにした学習をやってきた。でも先生、やっぱり学習というのはダメです」

今の避難所生活は、これをやらないと本当に生きられない。明日の命をつなぐことができないという中で、「先生、子どもたちがえらい成長しました」と言います。

校長先生はその変化をいちばん知っています。だからワクワク生き生きと僕に説明してくれたのです。「子どもたちに聞いてやってください」と、わざわざ校長室で場所を設けてくれました。「君たちこれからどうしたい」という僕の問いに、「地域の人たちともっと仲良くなりたい。だいぶ名前を覚えたけどまだ知らない人もいる」と返事が返ってきました。

体育館の中での強制的な共同生活。物資を配ったり、お手伝いをする中で皆が「ありがとう」、「助かるよ」とか声をかけてくれる。すると、内発的な喜びが子どもたちに湧いてくる。

その喜びが嬉しくてやっている。同じ生活の苦しみ、同じ空気を吸っている中から出てくる「ありがとう」は重みが違います。

お互いの笑顔と感謝。それだけで生き合っているという実感。そういう素朴な喜び、人に必要とされている有意味性、それが体験できる体育館での生活の営みがありました。

「将来お医者さんになりたい」、「原子力のかわりに安全な自然エネルギーの研究をしたい」と積極的に口する子も出てきたと現場の先生たちは言います。

大震災は、「日本の学校にとって子どもたちの生きるエネルギーになるような学習とは」、「その切り口はどうあるべきか」への問題提起を改めて僕たちに投げかけました。それをふまえて、文科省の教育政策や、学習指導要領のあり方にも光を当て直すというスケールの大きい作業、それに着手すべき時期だと僕は思います。今までのように保守と革新、文科省と日教組の力くらべで変えていくのではなくて、新たな、この苦しい状況の中で子どもたちが見せてくれるものから学ぶことはほんとうに多いのです。

２０１１年４月から始めた学習指導要領のキーワードが「生きる力」ならば、本物の生きる力とは何かというのを、子どもたちと一緒につくっていきましょう。僕ら大人だけが突っ走ってもしょうがありません。子どもたちの声に耳を傾けていけば必然的に絞れてきます。僕はこのシリーズで、子どもたちが幸せだと感じることができる「未来への教育」について発信し続けていこうと思います。

ときには、「尾木ママ」としてやさしい言葉で教育界の情報を発信します♥

テレビや講演会で話す一言一句を大切に

「尾木ママ」と言われるようになって、例えば僕の講演を聞きに来てくださるお母さん方が1000人いたら、そのうち僕の30年間の教育評論活動や、たくさん書いてきた本のことをご存知の方は、20人もいないんです。大半の方が、ほんの1～2年の間に僕を知った方々なんですよね。その層とこれまで僕が一生懸命NHKで話したり岩波新書などで書いてきたものを読んでくれていた層の方々とは、悩みの質も、全然違うんですよね。これまでの僕のファン層は、〝基礎〟があって教育や子育ての見通しを立てていけば自分なりにこなしていくというような、かならずしも上手くいかないにしても見通しがつく方々だったんです。

今のママたちは「叱っちゃいけない」って言われて、それでも叱ってしまう自分に嫌悪するみたいな、ものすごく素朴です。素直なママって、握手し、触って、写メを撮るだけで元気になってるんですよ。僕は、どうぞと言うだけでいいの。とても簡単なこと。でも、そのほうがとっても影響力があるということを、僕も教えてもらいました。これまでの教育にしても子育てにしても、常に目標を設定してそこへ形をはめていき他者と比較するということばかり。それがやっぱりおかしいんじゃないか、と世間のママたちも気がつき始めたのです。

「尾木ママ」でいるとママたちが元気になっていくのがよくわかるんです。これからもテレビや講演会で話す一言一句を大切にしながら、世間のママたちに「どうしたの？」、「だいじょうぶですよ」と語りかけていきたい。それがエンパワー《勇気づけ》となって、すべてのママたちが元気になっていく。そのためのお手伝いが出来ればなと思っています。

尾木ママとして話すほうが伝わる力がずっとある

最近、バラエティー番組に出演していて思うのは、ちょっとお固いテレビの番組なんかは、台本がきれいに書かれていて音声化していくだけの話。だから僕じゃなくったってできると思います。そんなテレビ番組から、「先生、今日は尾木ママでいてくださいね」とかそんな感じになってきたのね。かつてのような、「大学教授だから信頼していい」という捉え方じゃないんです。本当にびっくり。やっぱりそれは人間は素のまま心を大事にしている動物だから、その響き合いがない限り心から信頼できないということではないでしょうか。

お母さんたちだって同じでしょ。講演会に行くと必ず受けるのが子育ての相談。そういうときには「どうしたの？」という、魔法の言葉を教えてあげるんです。ふざけた感じかもわかりませんけど、「どうしたの～」とか言って、それでいいんです。そしたら子どもが「○○に悩んでいるんだ」と言うから「それ大変だね」と言う感じ。「つらいだろうねぇ」と言ったら「そんなこと言ってられないよ、もう小学校5年にもなったら」、「へぇ、あんた偉いね。さすがママの子だわ」——こんなリズムでいいんです。

尾木ママ現象で言うと、ちょっとふざけた感じの口語体で日常的な雰囲気の中で尾木ママとして話す方が、皆にリラックスしてもらえるし、心にすっと入っていくなと思います。そんな皆さんとの距離感を大切にしながら、これからも尾木ママ・メッセージを発信していきます。皆さんも、応援してくださいね♡

機会均等、教育の標準化

躍進する韓国の教育

臨床教育研究所「虹」
韓国視察レポート

写真・レポート
臨床教育研究所「虹」
渡部樹里

欧米、アジア、中東など、もはや国際共通語となっている英語。世界に遅ればせながら日本でも、英語能力の向上、国際理解力を高めるをスローガンに2011年4月から小学校での英語教育が始まりました。この英語教育を韓国ではすでに1997年から開始、今では小学校3年生からの英語教育が義務化されています。韓国に遅れることおよそ10年、英語教育を始めコミュニケーション能力の開発でアジアの先陣を切る韓国を訪ねました。

コミュニケーション能力の開発でアジアの先陣を切る韓国

２０１１年４月に全面実施された新・学習指導要領の理論（思考力・判断力・表現力）を見極め、日本の競争的学力論を見直しするためにも、海外との比較を通して視野を広げたいとの思いからお隣の国、韓国に教育視察に行きました。

今回の韓国視察の目的は大きく四つです。一つは、日本でもこの４月から本格実施に移された英語教育（外国語活動）の先進国としての実態を把握し、成功への教訓を学ぶため。二つめは、２００９年のＯＥＣＤ《経済協力開発機構》のＰＩＳＡ《学習到達度》調査でフィンランドと並んで１位を占めた韓国の学力形成に関して、どのような理論やカリキュラム、授業実践が行われているのかをつぶさに知るため。三つめは、国策としてＩＴ化を大胆に進める国における、子どもたちのネット依存の現状とその克服への取り組みを把握し、ネット（ケータイ）リテラシー《知識能力》教育展開のヒントを得るため。四つめは、子どもたちの新たな居場所である韓国のフリースクールの現状と日本との比較、競争的学力論克服への道筋をつかむためです。

以下、具体例を臨床教育研究所「虹」のスタッフより報告してもらいます。（尾木直樹）

2泊3日の視察日程

4月11日	
19:00	アシアナ航空OZ105便成田空港発
	↓
21:30	仁川空港着
	↓
	西橋ホテルに宿泊

4月12日	
8:00	ホテル出発
	↓
9:00	公立「モグン小学校」視察
	↓
13:00	ソウル英語村「クァンアク・キャンプ」視察
	↓
	夕食

4月13日	
8:00	ホテル出発
	↓
9:00	私立「ユソク小学校」視察
	↓
13:00	ネット依存治療センター「アイ・ウィル・センター」視察
	↓
15:00	フリースクール「ミンドルレ」視察
	↓
20:00	アシアナ航空OZ1085便金浦空港発
	↓
22:00	羽田空港着

臨床教育研究所「虹」

教育評論家・尾木直樹の研究・評論活動をサポートすると共に、教育界や社会の動きに敏感に対応しながら、子ども・青少年に関わる課題に対して調査・研究活動を進めています。また、その成果は「レインボー・リポート」としてまとめ、情報発信をしています。

ディベートの準備中。全体を８つの班に分け、２人の先生が巡回し、疑問や質問に答えていきます。

小学６年生の英語の授業風景。授業はすべて英語で行われます。この日のテーマは「四季」について。

視察したモグン小学校。テレビ局や高層マンションが林立する街中にあり中学校も併設されています。

公立小学校の英語授業

小学校3年生から週3時間の英語教育

日本では2011年度から新・学習指導要領が全面実施され、小学校5、6年生で「外国語活動」として、実質的な「英語必修化」がスタートしました。今回、韓国・ソウル特別市（以下、ソウル）にある公立と私立小学校、そして「英語村」を訪ね、小学校における英語教育の先進的な取り組みを視察し、各所で現状や課題についてのヒアリングを実施。英語教育に関する現状や課題、展望などについて詳しくお話を伺うことができました。

韓国の英語教育政策は急激な経済成長とグローバリゼーションを背景に、1995年に「世界化推進のための外国語教育強化法案」の一環として、小学校3年生から英語を正規教科として指導することが提案され、1997年から英語が年次進行で導入されることになりました。

必修化に先立ち、1996年からは、英語を教える教員に対して年間120時間の研修が行われました。総括する教員については、さらに120時間（合計240時間）の深化研修が実施されました。しかし、こうした研修は、教員にとっては大変過重な負担となり、特にベテランの年配者の間で脱落者が続出。教職自体を辞めてしまう人もかなりいたそうです。

韓国では、その後も試行錯誤しながら「教育改革」を続け、2008年に李明博（イ・ミョンバク）大統領が就任すると、公教育における英語教育の強化を図ることがより明確に打ち出されたため、英語教育は質量ともに一気に進展、国家政策の一部となり、重要な教育政策の一つとして位置づけられています。

韓国は、現在でも非常に「学歴信仰」が根強く、ソウル、高麗（コリョ）、延世

案内役の教頭先生の解説を聞きながら視察。「読む・書く・話す」がバランスよく組み込まれています。

韓国人の英語専科の先生と、アメリカ人の先生がペアで授業を進めます。テンポよく飽きさせません。

班ごとに割り振られた「季節」の好きな理由・嫌いな理由を、話し合いながらボードに記入していきます。

（ヨンセ）などの名門大学進学を目指して、特に都市部では熾烈《しれつ》な競争が繰り広げられています。年に一度行われる「大学修学能力試験」という大学入試共通テストの日には、通勤時間帯や飛行機の発着時間が変更され、遅刻しそうな受験生はパトカーに乗せて会場まで送り届けるなど、国をあげての一大行事となっています。

特に近年は、大学進学や就職活動を見据えて、子どもが幼いときから英語教育に力をいれる家庭が増え、バイリンガル幼稚園や英語教室、塾などでの早期英語教育が盛んです。父親だけが韓国に残って仕送りをし、母親と子どもたちは海外に長期留学するという（キロギアッパ【雁《がん》のお父さん】と呼ばれる）現象まで起こっています。

今回、視察させていただいた公立のモグン小学校は、ソウルの中でも比較的裕福な地域、江南（カンナム）にあります。テレビ局や外資系企業、高層マンションが林立する街中にある大規模な小学校で、敷地内には中学校も併設されています。

江南は外国人も多く暮らす振興地で、有名な英語学校や学習・進学塾が集中するエリアです。ドラマ（韓国ＳＢＳ「江南ママの教育戦争」、２００７年放送）になるほど、他地域に比べて教育熱心な保護者が多く、ほとんどの子どもが幼いときから英語教室や学習塾、水泳、バレエ、中国語、絵画などのいくつものお稽古事に通っています。

実際、２００８年の韓国の「全国学力テスト」である「国家水準学業達成度評価」において、江南はソウルで最も良い結果を出しています（李修京、熊田洋子ら「韓国の英語早期教育考察」『東京学芸大学紀要　人文社会科学系Ⅰ　61 117-141、2010』）。

現在、地域によって多少異なりますが、英語は英語専科の教員とネイティブのチームティーチングが主流となっています。２０１１年度からは、小学校３年生から

アニメーション教材を要所で使い、テンポよく授業が進んでいきます。先生はノートＰＣで操作します。

電子黒板に見入る子どもたち。間違うことを恐れず全員がアップテンポの流暢な英語を使っています。

日本の英語の授業のような「リピート・アフター・ミー」などという一斉音読や、板書はありません。

英語の授業が週3時間となり、コミュニケーションスキルの育成に力を入れているとのことでした。教科書も国定から検定になり、現在は9種類ある教科書から学校ごとに教員が必要に応じて選択しています。

今年度から日本でも「外国語活動」として、小学校5・6年生で英語が実質必修化されましたが、日本の英語教育の主目的は「国際理解」です。モグン小学校の先生方にそのことを伝えると、「国際理解をするためには、まず会話力が必要。何を話しているのかわからなければ、相手のことを理解することはできない」ときっぱりおっしゃっていたのが印象的でした。

今回見学させていただいた6年生のクラスでは、韓国人の英語専科の先生と、アメリカ人のネイティブの先生がペアを組んで、授業をしていました。

低学年のクラスでは、アルファベットに親しむために英語を書いたり、教科書を使って簡単な文法なども教えたりしつつ、ゲームや歌なども積極的に導入し、とにかく「英語嫌いをつくらない」ことを目標に授業をやっているというお話しでしたが、6年生になると、ディスカッションやディベートなども取り入れ、英語の授業はすべて英語で行われます。

この日は「四季」をテーマにディベートをすることがメインで、班ごとに要所、要所で話し合いや課題をこなしていきます。授業は非常によく準備されており、二人の先生が役割を分担しながらテキパキと進行し、まったく無駄のない授業でした。

韓国ではすべての学校で「電子黒板（先生のパソコンと連動している大きなモニターで、文字や写真だけでなく、動画や音声の出力もできるモニタースクリーン）」が導入されており、先生が字を書くことはありません。教師は事前に準備した教材をパソコンで操作し、適宜《てきぎ》アニメーション等をテキスト代わりに使いながら説明をしていきます。40名のクラスでしたが、8つの班に分かれて、ディベートの準備を

ディベートでは全員必ず1回は発言します。最後は投票で、説得力のある説明ができた班が見事勝利！

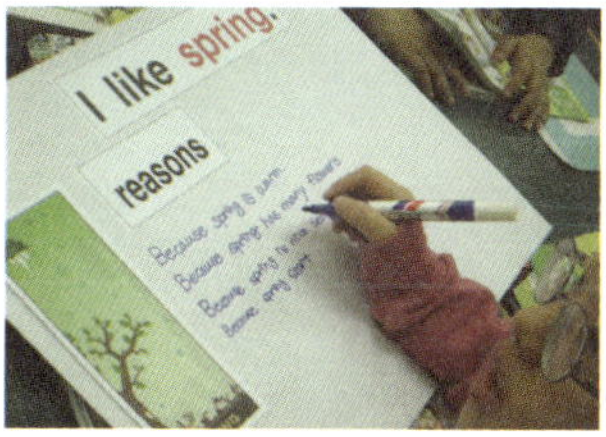

班で話し合った内容を、辞書も見ずにサラサラと英語で書いています。「蚊」って英語で書けますか？

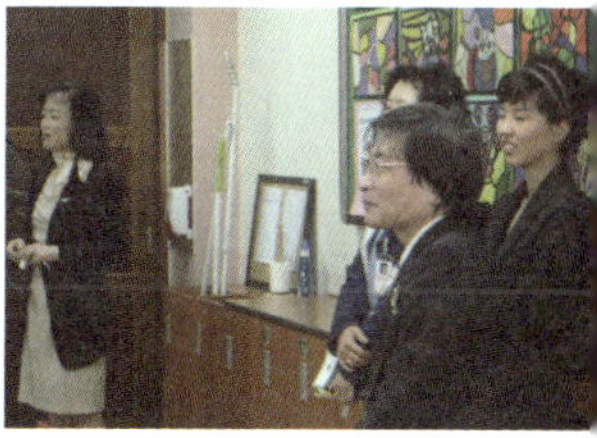
驚いてばかりの視察団。周到に準備された授業はとても楽しく、あっという間に時間が過ぎます。

していきます。子どもたちは割り当てられた課題について話し合いながら、辞書や教科書を見ることなく、さらさらと英語で書いていきます。

I like spring, because ……….

I don't like spring, because ……….

最終的には、2班ずつに前に出て話し合ったことを発表し、なぜそう思ったのか、その理由を説明していきます。クラス全体でディスカッションをして、より説得力のあった班に投票します。生徒間のやりとりや質疑応答も、もちろんすべて英語で行われます。ディスカッションやディベートをする場合、前提として、ある程度の単語力や文法力が求められますが、そうした英語の基礎は全員が身についている印象を受けました。おそらく、日本の高校一年生レベルの英語力はあるのではないかと思います。

ただし、この小学校は、最初に言及したように、他地域に比べ比較的裕福で、教育熱心な家庭が多いという「地域性」もあって、ほとんどの子どもが放課後や週末に英語塾へ通っているという有利さもあるかと思います。それでもとにかく今回視察してみて、子どもたちの英語力の高さ、授業の質の高さ、先生方のレベルの高さなど、本当に驚くことばかりでした。今回ガイド兼通訳で同行してくれた韓国人の方は二十代後半でしたが、自分が受けた学校教育とまったく違うと大変な衝撃を受けていましたので、それほど、急激に韓国の英語教育は質量ともに進展しているようです。

日本語の質問を通訳さんが韓国語に訳して伝えたところ、生徒は流暢な「英語」で答えてくれました！

ニュースや電子黒板、教材を上手く活用しながら、かなりのスピードで授業が展開していきます。

小学6年生のアドバンスクラス。韓国人の英語専科の先生とイギリス人の先生がペアで教えます。

私立小学校の英語授業

小学校1年生から週7時間の英語教育を実施

韓国では私立小学校は数も少なく、政策として「入試」が行われないため（公開抽選）、意外にも日本のような熾烈《しれつ》な「お受験戦争」はありません。私立学校はそれぞれ独自の教育方針やカリキュラムを掲げており、教育熱心な家庭を中心に最近人気が出てきています。しかし、補助金等がないため、経済的にある一定の層以上の子どもたちが通う学校、もしくは特別なニーズがある子どもたちが行く学校として認知されているようです。

今回私たちが視察したユソク小学校は、江南に近い麻浦（マポ）区にあります。ユソク小学校は語学教育に熱心に取り組んでいる小中一貫校です。英語は小学校1年生から4年生までが週に5時間、5・6年生は週に7時間。さらに中国語を週に2時間、正規科目としてカリキュラムに組み込んでいます。小学校高学年になると、国際理解を深めるために修学旅行で中国や日本などに行ったり、夏休みなどは校内で「ENGLISH CAMP」を実施。算数や理科、家庭科、道徳などを英語で学べる選択授業などを行い、英語に触れる機会を積極的につくっています。かつては、英語を学ぶために短期留学で欧米へ行く子どもも多かったそうですが、最近は英語教育が充実し、学校の授業だけでかなりの英語力がつくため、留学する子どもは減っているとのことでした。

ユソク小学校でも小学校6年生の英語の授業を視察したのですが、1学年60人ほどを学期ごとに実施する英語テストで「アドバンス《進んでいる》」「ベーシック《基礎的》」などレベル別に4クラスに分けていました。

最上級クラスは、「ジオゾーン」という英語クラスのための特別な教室で授業を

ベーシックは少人数のスクール形式で行われ日本の英語の授業と似ていますが、授業は全て英語です。

ベーシッククラスの英語の授業は、韓国人の英語専科の先生が一人で、文法を中心に教えていました。

会話中心の授業で、生徒同士も英語でディスカッション。英語だけで授業が成立するほどの実力です

行います。イギリス人の先生がメインで授業を行い、韓国人の英語専科の先生がサポートで入る「チームティーチング」を行っていました。授業は最初から最後まですべて英語で進行され、授業や会話のスピードも速く、まるでインターナショナルスクールにきたかのようでした。

ちょうど英国のウイリアム王子の結婚式が月末にあるという時期でしたので、最初に英字新聞に書かれている内容をイギリス人の先生が解説をしていきます。そして、キャサリン妃の話やイギリスの皇室制度の話などについてクイズを出しながら、単語などを丁寧に説明していきます。

その後は電子黒板を活用しながら、子どもたちの集中を切らさないように、アニメーションやゲーム等を導入しつつ、リズミカルに授業が展開していきます。参加型の授業で、子どもたちも積極的に手を挙げ、間違いを恐れずどんどん発言している姿が印象に残りました。

もう一つ視察したクラスは、ここまで英語のレベルが達していない子どもたちのクラスで、文法の基礎をみっちり学んでいました。動詞の変化や英作文など、日本の中学2年生レベル相当ではないかと思います。このクラスではテキストとノートを使って書くことを中心に、必要に応じて辞書なども使いながら授業を行っていました。日本と似た授業風景でしたが、授業は全て英語でした。

校長先生が、この学校にとっては英語教師の質の確保こそが「生命線」だと繰り返しおっしゃっていたのですが、そのため、ほとんどの英語教師は1年契約の「非正規雇用」で、校長と保護者が学年末に教員評価を実施。評価が低ければ契約の更新はしないそうです。見た限りでは、教師のレベルは非常に高く、英語の発音もとても綺麗で、語学については「国内留学」といってもよいほどの、質量ともに充実した内容でした。

モダンな英語村の外観。繁華街から少し離れており、近くには韓国のトップ、ソウル大学があります。

英語村が所有しているバス。ここへ通う子どもたちの送迎をしています。

館内には、このようなワークショップルームのほか、スポーツ施設、音楽室、調理室などもあります。

すべての小学生が必修、国内英語留学

公用語は英語のみ5日間の英語研修

韓国の英語教育を語るとき、必ず話題に上るのが「英語村」です。韓国内におよそ30カ所ある、公設の子どもたちの英語教育施設です。現在韓国では、済州島を特区に指定し、大規模な国際教育都市プロジェクトを展開しています。今年9月にはイギリスの名門校「ノース・ロンドン・カレッジエイト・スクール」が済州島に開校。英語村ならぬ、「英語島」を開設して〝グローバルエリート〟を養成しようとしています。

ソウルには現在三カ所の「英語村」があり、うち二カ所は宿泊施設で、今回訪ねた「クァンク・イングリッシュ・キャンプ」は唯一の通所施設です。ここは非常に人気が高く、ソウル市中の小学校から申し込みが来ていて、モグン小学校の校長先生もなかなか予約が取れなくて大変だという話をされていました。

英語村は、ソウル市内の小学校5・6年生の子どもたちが、在学中に必ず一回、1週間（5日間）滞在するということが義務づけられています。英語村は「五感」をフルに使って英語を学び、感じ、遊べる〝国内留学〟施設です。施設内では子どもたちは「パスポート」を常時携帯し、韓国語を使うと「パスポート」にマイナスの記録が残ります。英語で質問をしたり、何か上手に出来たときにはプラス評価され、最終日に一番プラスポイントが多かった子どもは表彰されます。

今回視察した英語村では、メインプログラムとして「英語ドラマ制作」があります。入村したその日に何の劇をやるかを話し合って決め、小道具を制作したり、衣装を決めたりとすべてが子どもたち主導で進められます。連日、何時間かは必ず英語劇の練習に当てるそうですが、最終日に保護者と在籍校の先生方を呼んで発表会

選択科目もたくさんあり、クッキングクラスではクッキーを製作中。もちろん説明は全て英語です。

劇で使う小道具も必要に応じて自分たちで準備します。配役なども皆で話しあって決めていきます。

メインレッスンである「英語劇」の台詞の読みあわせをしている様子最終日には発表会をします。

も行うため、子どもたちも真剣です。見学したクラスでは「オズの魔法使い」の練習をしていましたが、入村2日目にも関わらず、子ども達は英語の台詞を8割方覚えていました。全員が熱心に練習に取り組み、カナダ人の先生は発音のチェックと台詞にいかに感情をこめるかを中心に指導していました。舞台監督や照明、小道具作りをする子どもたちもいて、限りある時間の中で、全員が協力して一つの舞台をつくりあげていくプロセスを重視しているそうです。

その他にも、クッキングや、ジム（パターゴルフなど）、リーディング、ミュージックなど、様ざまな形で英語を学べるプログラムがあります。クッキングクラスでは、食材名やレシピを先生が英語で説明し、子どもたちはクッキーを作りながら楽しく英語を学んでいました。

英語村のスタッフはアメリカ、カナダ、オーストラリア、イギリスなどからエージェントを通じて集められます。英語の発音の違い、文化の違いを知ってほしいと、わざと違う国籍の先生を配置しているそうです。韓国人のスタッフも帰国子女か留学経験者が中心で、業務もほぼすべて英語で行われていました。

こうした英語村ができた背景には、韓国特有の教育・経済格差の問題が横たわっています。先述の早期海外留学による家庭崩壊や帰国した子どもたちの不適応が社会問題となる中、加熱する英語教育の私費負担増加に歯止めをかけ、低所得層の子どもたちも英語を学べる機会をつくろうと、英語村は設立されたのです。

他方で、公設民営のため、税金を投入することに対する批判もかなりあるようですが、英語教育が国策である以上、すべての韓国民が「平等に」教育の機会を与えられるべきだという強いメッセージ性を至る所で感じました。現在は主に子ども対象の施設ですが、ゆくゆくは成人教育のプログラムも開発し、誰もが、いつでも、学びたいときに学べる英語教育の核となる施設を目指しているそうです。

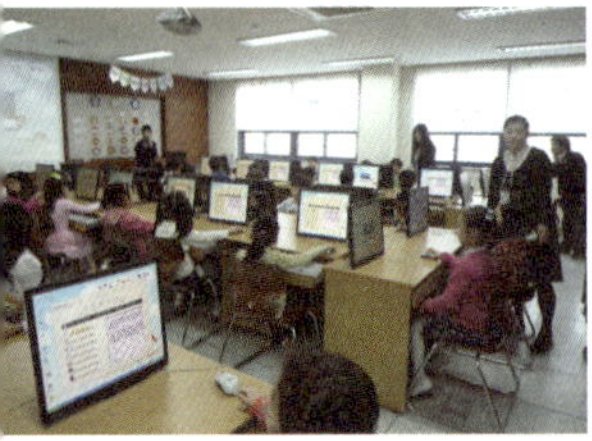

専任１名を含む３名の先生が教室内を巡回して、一人ひとり個別に指導していきます。

低学年のパソコン教育では基礎から丁寧に教えていきます。ネットモラル教育も組み込まれています。

小学校１年生のパソコン授業の様子。コンピューターは生徒全員に一台ずつ用意されています。

もうひとつの教育の標準化、ITコミュニケーション力

専任講師が生きたスキルを教える

韓国では、英語教育とならびIT教育を国策として重視しています。1997年のIMF危機で経済的に大打撃を受けた韓国は、当時の金大中《キム・デジュン》大統領が経済再生のためにIT産業振興を打ち出したことから、国家規模で情報インフラの整備やパソコンの普及が進められました。韓国は年月をかけて、あらゆる領域をデジタル化し、現在では電子政府、教育行政の情報化では世界トップクラスです。

教育のデジタル化については約15年前から国を挙げて取り組んでおり、デジタル化によって、「教育の平準化」「教育格差の解消」「教育の機会均等」を目指すという明確な目的が根底にあります。前述の「電子黒板」だけでなく、現在日本でも導入が検討されている「デジタル教科書」も、2013年から全小学校での導入を目指して、学校情報化、教育情報化の整備を着実に進めてきました。2007年からは、健康被害への影響をみる調査も含めた実証実験も始まっています。

日本では、「紙の教科書をデジタル化すること」、「端末を子ども一人に1台配ること」が先行して進められているようですが、韓国を見ても分かるように、電子黒板やデジタル教科書導入にはそれらを支える「バックグラウンドシステム」の開発が必要不可欠です。それらがあってこそ、有機的に「デジタル教科書」や「電子黒板」が活かされるのです。

英語の授業とともに、公立のモグン小学校で低学年と高学年のパソコンの授業を視察したのですが、低学年では週に2時間授業があり、専任を含む3名の教師が専用の教室で指導していました。この日は1年生の授業だったのですが、キーボードを使って文字入力する方法を教えていました。先生方は常に巡回しながら、子ども

6年生になるとイラストを制作したり、ある程度のプログラミングができる生徒もいるそうです。

高学年のパソコン教育。生徒たちは自分で課題を設定し、それぞれの進度で学習しています。

日本のように一斉に教えるのではなく個々の進度にあわせて学んでいきます。子どもたちも真剣です。

たちの進度にあわせてきめ細やかな指導を行っていました。

高学年になると、一人ひとりが自分の興味関心や進度に合わせて課題を設定し、グラフィックで作品を描いたり、プログラミングをしたり、ホームページをつくったりと、それぞれ違うことをしていました。個別指導に重点が置かれ、日本のように2人で1台のパソコンを共有するとか、一斉に同じことをするといった光景はみられません。

あらゆる授業でITを活用することが推奨され、実際に情報収集や調査、プレゼンテーションなどにも積極的に活用されています。

「ネチケット《ネットのエチケット》教育」は授業の中で行い、家庭とも密に連携してネット依存の子どもがいないかを常にチェックしているとのことでした。全体的に非常に手厚いサポート体制が敷かれていて、教育用のプログラムもたくさん揃っており、ハード・ソフトともに大変充実しているという印象を受けました。

しかしながら、短期間で一気にインターネットが普及したため、いろいろと問題も起こっています。「アイ・ウィル・センター」のところで詳述していますが、子どもや青年たちのオンラインゲーム中毒の問題は非常に深刻で、大きな社会問題にもなっています。また、日本でも報道されましたが、韓国ではネット上での中傷などを苦にして芸能人が自殺したり、サイバーブリング（ネットいじめ）や個人情報の漏洩《ろうえい》など、ネット社会特有のトラブルが増加していることも事実です。

さまざまな矛盾を抱えつつも教育のデジタル化を進め、人材育成の一環としても戦略的にIT教育を行っている韓国。明確な方針を持った政策的なリードがあるからこそ、サムスンやLGといった韓国企業が世界市場で成功しているのではないかと感じました。

センター内の様子。カウンセリングルームが３つとプレイセラピーのできる部屋が１つあります。

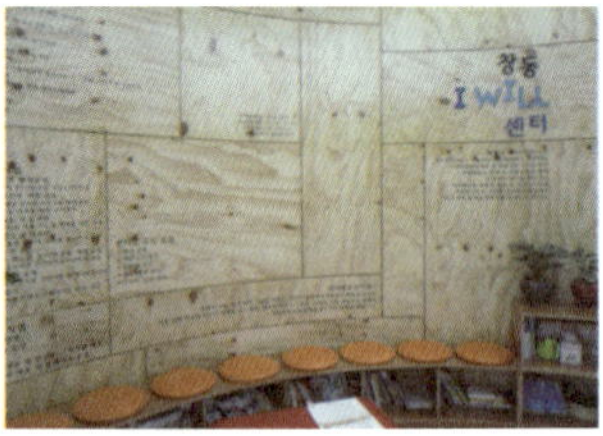

施設内は温かみのある木と曲線が多用され入口にはセンターの設立趣旨や利用案内が書かれています。

「アイ・ウィル・センター」はソウル市郊外にある、公営の総合福祉センターの一角にあります。

ネット依存症を解決する

地域も社会も一体となって対策を考える

国策としてインターネットが急速に普及する中で、韓国では「ＰＣ房」（日本でいうインターネットカフェ）で長時間オンラインゲームにはまる子どもや青年たちが増えています。寝食を忘れ、ゲームに熱中するあまり「過労死」するケースや、「育児放棄」で生後３カ月の女児が餓死したケース、オンラインゲームのやり過ぎを咎《とが》められた中学生が母親を殺害したケースなども発生しています。

国家機関の一つである韓国情報化振興院によれば、青少年（９～19歳）の12．８％に当たる93万８０００人が「ネット中毒」で、このうちの大部分が「オンラインゲーム中毒」だといいます。ゲームをしないと禁断症状が現れ、著しく学力が低下したり、ひきこもり状態になったりと、日常生活にも支障をきたします。同院は、ゲーム中毒のまん延は国家的損失とみなし、小中高校への訪問相談やゲーム禁止のキャンプなどの対策に取り組んでいます。

韓国情報化振興院は、全国調査を定期的に経年で積み重ねています。その調査結果に基づいて、日本でいう区の単位でネット中毒のカウンセリングや治療を目的とした施設を積極的に設置しています。今回はソウル特別市チャンドン区にある「アイ・ウィル・センター」を視察しました。

アイ・ウィル・センターは、プールやジム、会議室などがある公共福祉・運動施設の一角にあります。センターに入ると、包み込むような円形の壁に、センターの設立趣旨や利用案内が書かれています。全体的に木を多用した造りになっていて、温かみのあるつくりです。ネット依存のインテーク（相談にきた人の話を聞くこと）やカウンセリング、治療（セラピー）を中心に、子育てや子ども・青年層のあ

カウンセラーが複数常駐し、必要に応じてさまざまな分野のセラピストや病院と連携して治療します。

「アイ・ウィル・センター」のカウンセラーの方に、「ネット中毒」の評価シートを見せてもらいました。

カウンセリングルームはすべて内装が異なります。この部屋は、落ち着いた色調で統一されています。

らゆる相談に対応しています。カウンセリングルームが3部屋、プレイセラピーが可能な部屋が1部屋、複数名で利用できるオープンスペースもありました。

韓国では、すでにネット依存の危険度・深刻度をみるチェックシートが開発されており、インテークのときに活用されています。危険度を5段階で評価をして、深刻度が高い場合は、連携している病院やセラピストが介入し、支援していきます。通所できない場合はセンターから訪問することもあるそうです。

日本にも学校によってはスクールカウンセラーが常駐しているところもありますが、多くは非常勤で複数校を掛け持ちしていたり、週に1回、月に数回というレベルです。児童相談所や病院などは敷居が高く、なかなか相談につながらないケースも多いようです。日本で今後、ネット中毒やケータイ中毒といった新しい問題について対応する場合に、韓国で使われている「チェックシート」は、大変参考になります。日本語に訳し、日本特有の項目なども加えて調整していけば、早期発見に非常に有効なツールになることは間違いありません。また、こういうセンターを核にして情報を集約することで、治療や政策など抜本的な対策へも寄与することでしょう。

チャンドンの「アイ・ウィル・センター」は、まだ取り組みが始まったばかりで、利用者もそんなに多くないそうですが、それでも月に10件くらいの相談に対応し、その中で実際に治療に繋がるのは1、2件あるということです。また、小学校などへ出向き、ネット依存の予防教育にも重点をおいています。チェックシートで依存度を確認し、「休ネット日」を作るよう指導しているそうです。

ネット先進国が抱える深刻な問題ではありますが、いち早く深刻な社会問題として捉え、早期発見できる体制を敷き、国家レベルで全国調査やそれに基づく対策を次々と打ち出す韓国に、日本も学ぶところが多いようです。

偶然来ていた韓国の全国フリースクール協会代表の方と情報交換。「新しい教育」を語り合いました。

この日は大学教授が「経済学」を教えに来ていました。授業を聞くか聞かないかは、子どもたちの自由。

フリースクール「ミンドルレ」の外観。2階が運営母体の出版社、1階がフリースクールになっています。

多様化するコミュニケーション能力を許容する社会

自らドロップアウトする非校生が通うフリースクール

競争の激しい韓国社会で、受験競争から脱落したり、学校に適応できない子どもたちの居場所について知りたいと、ソウルにあるフリースクール「ミンドルレ」（日本語でたんぽぽの意味）を視察しました。ミンドルレは弘大（ホンデ）という美術系大学を中心とする街中にあり、母体は教育関係の本を出している出版社です。庭のある2階建て一軒家の1階がフリースクールのスペース、2階が出版社となっており、訪ねた日も20人くらいの子どもたちが出入りしていました。

日本でフリースクールというと、いじめやさまざま事情から学校に行けなくなった子どもたちの居場所というイメージが強かったのですが、韓国の場合は、「自分は今の韓国の学校には合わないが別の道があるはず。その間ちょっと模索する時間が欲しい」などと、自らドロップアウトしてきた非校生の子どもたちが多いというお話でした。ミンドルレに来る子どもたちの年齢は、下が12歳から上は23歳くらいまでで、平均すると50名くらいが在籍しています。４名の専任スタッフがさまざまな活動をサポートしており、訪ねた日は大学から先生が来て経済学の授業をしていました。地域にも根付いており、女性センター等と共同でイベントや講座なども開催しているとのことでした。

韓国にもフリースクールが２００カ所くらいあるようですが、日本同様、運営資金での苦労が多いようです。これらがオルタナティブ・スクールとして定着するためにも政府などへ働きかけるなどして、「新しい居場所」としての役割や意義を積極的にアピールしていきたいとのことでした。

非校生…在学はしているが、自らの意志で学校に通わない学生という意。

日本が韓国から学ぶこと 今回の視察を振り返って

機会均等、教育の標準化 躍進する韓国の教育

韓国における英語教育の導入と拡充は、単に子どもたちの英語力がアップしたというだけではなく、欧米の民主主義的感性や子ども観をも浸透させたようです。学校では、とにかく徹底して子どもを尊重し自主・自立を促します。教師は廊下ですれ違う児童に「愛しているよ」と気軽に声をかけます。子どもたちも笑顔で「ありがとう」と返します。コンピューター学習でも画面は全員違っています。日本のように同一教材を一斉に学習するのではなく、各々の「自己決定」でその日学ぶことを選択します。

ますます世界から取り残される日本の教育の現状を痛感

また、過度な競争や「格差」を生まないために、私立小学校では入試がなく、抽選で入学者を決定します。教育格差是正を目指して、公設民営で英語村を開設するなど、「機会均等」「教育の標準化」政策を掲げて着実に推進している。日本のタガをはずした競争をあおる教育政策とは真逆です。

さらには、学校現場における教育実践の自由度がグンとアップしています。教科書は「国定」「検定」と2種類ありますが、英語などは今年度から「検定」に切りかえられ、9種類の中から各学校が自分の学校にあったテキストを選んで使っているといいます。これでは、PISA《学習到達度》調査で学力が世界トップに躍り出るのも当然だと思います。

韓国は、すでに国を挙げての競争主義から脱して、一人ひとりの人権保障としての学力形成へと一歩も二歩も踏み出していました。競争と選別、管理により教育思想とシステムに国をあげて翻弄《ほんろう》されている今日の日本が、世界から取り残されてしまったことを痛感させられた視察でした。

尾木直樹
教育評論家・法政大学教授

番外編

尾木ママ♡韓国訪問記♡

忙しい視察の合間の、わずかな時間を使ってリラックスする尾木先生。
なるほど尾木先生がこれだけ多忙でも仕事をこなせるのは、
オンとオフのスイッチを巧みに使いこなしているからなんですね。
韓国での尾木ママ♡に変身している尾木先生のご紹介で～す。

いよいよ視察開始。聞きたいこと、見たいことがたくさんあってドキドキ、ワクワクです！

韓国の仁川国際空港に到着。成田でも仁川でも握手を求められ写メを一杯撮られました！

今回の視察には「情熱大陸」のTVクルーも同行。取材しつつ、密着取材される日々。ひぇ～！

韓国への到着は夜でした。韓国は初訪問の尾木ママ。辛いの、食べられるかな～。

2日目の昼食。韓国の代表的な料理「サムゲタン」と「ヤンニョムチキン」。いただきま～す♡

視察に出発する尾木ママ。カメラを向けると思わず「はい、キムチ！」。弘大のホテル前で。

冷麺屋さんの前でパシャ！キムチも美味しかった。次回は韓国グルメ旅の企画もいいな～。

2日目の夕食を食べ終わったところで。竹筒で炊いたご飯が美味しく、大満足の尾木ママ♡

英語村にて。子どもたちが英語劇で使う衣装部屋で、ブロンド（金髪）のウィッグにトライ♡

帰途の途中で。ソウルの中央を流れる漢江（ハンガン）。沿岸にある公園は市民たちの憩の場。

移動中の車の中で。日本から持参した愛飲の栄養ドリンクでパワーアップ中。

明洞の韓国伝統菓の「くるみまんじゅう店」でサインをねだられる尾木ママで～す。

視察の旅も無事終了。明日からまた日本で忙しい尾木ママ＆尾木直樹の日々が始まります。

3日目の昼食は北朝鮮式のさっぱり「冷麺」。実は尾木ママ、大の麺好き。もちろん完食！

尾木ママ、日本人旅行客に発見される。ところかまわず、韓国でも写メで記念写真撮影。

小中高大
教育の現場レポート 大学編

今、大学で何が起きている？

大学で何を学ぶべきか。何のために勉強するのかわからない。
大学で友だちができない。友だちになかなか心を開けない。
卒業してどこの会社に入り、何の仕事につけばよいかわからない。
今の日本は、努力しても報われない気がする。
これらは、すべて今の大学生の本音です。
日本も、学生たちも、大学も、本当にこのままでいいの？

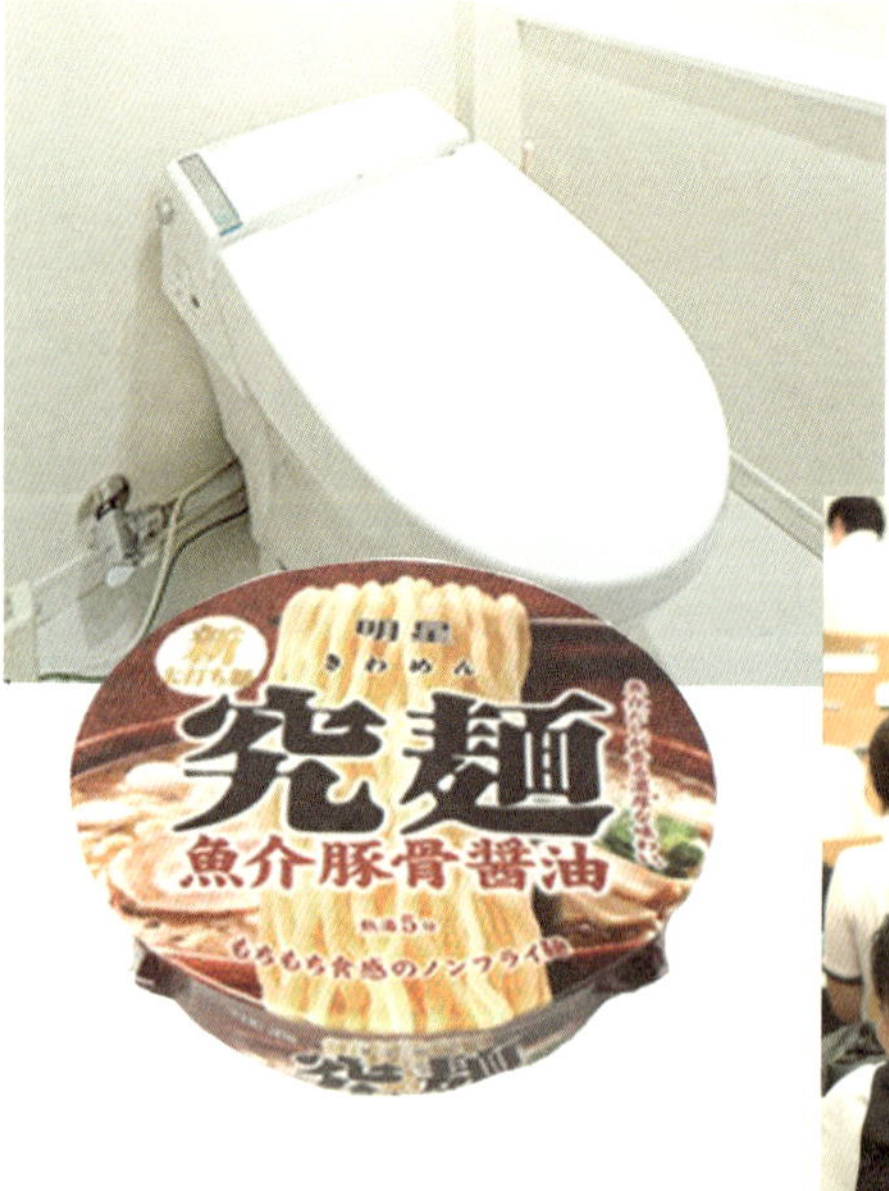

孤食ならぬ便所飯

就職率60.8%

便所飯《めし》

就活、家庭訪問、モーニングコール 大学の保育園化…

尾木直樹
教育評論家・法政大学教授

一人で食べる姿を見られたくないからトイレで食事をとる、今の大学生

「便所飯《めし》」経験は2パーセント

「便所飯」とは、一緒に食事をする相手がいないことを友だちに悟られたくない、一人で食事を取るところを他人に見られたくないという理由から、トイレの個室で食事をとる行為のことです。

僕が教えている大学での授業では、授業の最後に〝リアクションペーパー〟というのを大学の学生たちに書いてもらっています。そこには、その日の授業内容についての意見や感想、質問や悩みを自由に書いてもらっているのですけれど、あるとき、二人の生徒が同時に、「学生食堂に一人で入れるわけがないでしょ！」とそのペーパーに書いてきました。

それを見たとき、「なんだか変だなぁ」と感じたので、その実態を探ろうと改めて別の授業の後に、「あなたはトイレの個室でお昼を食べていますか？」と聞いてみました。そうしたら、487名中400名のリアクションペーパーが集まりました。400人の回答を集計したところ、

「大学のトイレで昼食をとりますか？」という問いに対して、「よくある」の1人（0・3％）と「少しはある」の8人（2・0％）を合わせて、9人（2・3％）が「便所飯」の経験者でした。

また、「一人で学生食堂に入りにくい」という問いに対しては、「よくある」と「少しはある」をあわせて6割近くという結果でした。さらに、「昼食は友だちと一緒でないとみじめだ」という問いに対して、「よくある」が31・8％、「少しはある」が13・3％。「いつも友人と一緒でないと落ち着かない」という問いに対しては、「よくある」、「少しはある」をあわせて23・5％という結果でした。

でもいったいトイレでどうして…

このような「便所飯」に象徴される、「一人でいるところを友だちに見られるのが恥ずかしい」とか、「友だ

ちがいない奴だと思われるのが恥ずかしい」などといった、学生たちの〝常に不安を抱える〞現象は、以前ではとても考えられないことでした。今の学生たちは、大学受験や偏差値という、1本の軸しかない価値観のなかで育ってきたために、友だちとの人間関係を築くことができず、大学に入ってからの居場所を見つけられないまま、悩み、さまよっています。そういった彼らにとっては、トイレの個室は誰にも邪魔されず、監視もなく自分を守ってくれる空間であり、とても居心地が良い場所となっているようです。

他人からの評価を気にする

こういった現象が起きる根本的要因は、〝他者からの評価〞です。

僕の学生時代なんて変わった人はいっぱいいましたし、特に母校の早稲田大学にはゴロゴロいましたからね。かつては「俺、友だちいないぞ」、「孤独が好きなんだ」、「ニーチェのこと愛してるんだ」とか、それはそれでまったくおかしくありませんでした。今、どこの大学を見回してもいわゆる〝変わり者〞なんていないですから。

僕はいつも口を酸っぱくしていいますが、この「他人から評価される自分」というものをここまで深刻にさせてしまったのには、「関心・意欲・態度」という90年代初頭からの評価制度の問題が大きく影響しています。この評価制度の最大の問題は、先生の機嫌を取らないと評価が上がらないということです。

先生の評価で成績がついてしまうなんて、これはもう致命的です。こんな制度でしたら、テストの得点で決められる方がまだましです。導入の時に本質的な矛盾点がどうして分からなかったのかが、僕には理解しがたいです。点数で決めるのは可愛そうだから、いろんな先生が生徒のいろんな良いところを見つけてあげる。そんな善意からでしょうが、「そんなことをしてたらお互いに窒息するじゃないか」などと本音は誰も発言していませんでした。

良い子を演じる今の学生たち

結局、学生たちは、先生にどう見られるかを気にして「よい子」を演じるしかないわけです。だから僕のゼミでも、ものすごく活発でよい子だった学生が、大学2年生の後半くらいでガサーって崩れて1年間立ち直りができなくなってしまったという事例もあります。

またある時、卒論の計画書について「レポートを出しなさい」と言ってゼミの終わりに集めたんです。そした

ら10分くらいして研究室のドアをコンコンってノックして「先生出し忘れました」って来るんです。

そこでレポートを受け取ったのですが、その子の本当の目的はレポートを提出することではありませんでした。そのことが、レポートを出す時に、もうその子の顔に書いてあるんですよ。本当の理由は、僕と話しをしたかった、つまり、その子はレポート提出をきっかけにして僕に声をかけて欲しかったんです。

すっと帰ろうとするから、あれ変だぞと思って「どうなの？ 勉強の調子は？ 就職のほうは？」と聞いたら、「それがなかなかうまくいかなくて…」って言うから、「じゃ、椅子に座って報告してよ」ってなってね。

「教員採用試験の勉強してて、他の子はまだやってないけど、もう私はやっているんです」

「えらいねえ。勉強していて、特に論文の書き方がわかんなかったら添削してあげるから、いつでも持って来なさいよ」と言うと、「先生あるんですが」って言ってカバンから出てくるんです。

実はそれも見て欲しかったわけです。でもそれを自分から言い出せない。そういうタイプの子が、大学に入学してきた時は一番デキる子だったりするわけです。高校では学校の先生から模範生みたいに言われて、明るくてリーダータイプで、もう典型的な「よい子」です。みんなが相談に乗って欲しくなるような、頼りたくなるような太陽のように明るい子だったんですけどね。

大学に入っても余計にそれを演じ続けなきゃならなくなる。苦しくなる。僕のゼミでは、自分史を書かせたり、自己分析をやるんですけれども、大学4年生になって、就職活動で自分のエントリーシートを書く必要性が生じて自己分析を始めた時、そういった学生はそこで初めて自分には何にも無いことに、空洞化している自分に気づくんです。

学生たちの心境が見えない先生たち

さらに、そういう子は、先生方から、「明るい、大学でも生徒会長やってくれる子、オープンキャンパスの実行委員長やってくれる子」と評価されている場合がほとんどです。友だちからも、○○さんっていつも明るくて、積極的で、活発で、なんでも率先してリーダーシップをとってくれる子と思われています。

でも、当の本人にとっては、「そうしているとみんなが評価してくれるから」と、それが嬉しくてやっているだけであって「行事の意義がこうあって、自分はそこでこんなこと学びたい」ということではなくて、「そのことを通してどう評価されたいか」、しかないんです。そりゃ見事ですよ。もう涙が出るほど可哀想になります。

中学や高校の教師を経験したことのない大学の先生は、学生たちのそういった心境まではなかなか見通せません。その学生は、僕の研究室で号泣しました。おいおいと溢れんばかりの涙をながして泣き崩れました。「自分がわからなくなった、この先どうしたらよいのかわからなくなってしまった」と言って…。学生たちの、自分を見つけられない恐怖感を想像するだけでも、それはもう泣けてきます。

画一的で一斉主義的な今の日本の教育制度

その歪みを心にしまって、表に出せずに大学4年間を過ごし、あるいは企業の最終面接まで行って、一気に崩れてしまう。そして、就職が決まらないままひきこもりになっていく。これは、社会的ひきこもり現象に入っていく子の典型的なプロセスの一つです。

先日も別のところで話したんですけれど、「ひきこもりの子や不登校の子は優秀ですよ」と。でも、こういう深刻な事態に社会がまだ気がついていないんです。

この現象は、教育学の原理原則論で、発達心理学で言えば当たり前のことなんです。何ごとも集団、集団で、個の自立とか自分で決める自己決定を前面に掲げていない日本の、今の教育体制のなかで最も問題の一つです。この教育体質を抜本的に変えなければ何も改善しません。相変わらず戦前みたいな、画一的で一斉主義的な体制・体質が学生たちの歪《ゆがみ》を作っています。

やりたい仕事が見つからない

景気がよくて、雇用もものすごく活況であるときは、大学を卒業すれば、とりあえず就職はできました。でも、それらの学生は、本質的に企業が求めている人材ではありません。ワイワイ言いながら1年、2年ぐらい仕事をしていく中で、本人もようやくそのことに気づきます。「俺は何のためにやってるんだろうか」とか、「俺の評価は常に数字でしかないのか」とかね。だから、好景気で若者がいっぱい就職できた時には、「3年で辞める若者」とよく言われていました。

ある時、僕の教えている大学で進路が全く決まっていない一人の男子学生が気になったので、ちょっと一緒に歩こうって言って歩きながら聞いてみたら、「自分を相手の会社に合わせてどう売り込む」とか、「会社に気に入られるような面接をどうやるか」っていうのを必死になって考えていたんですよね。「そんなの企業の人事部長で50歳や60歳近い人なら見破られて、最終面接で落ちるよ」とアドバイスしました。

むしろ、ありのままの、素のままの自分を、例えば、自己中心という弱点があったとしても、「これをこういう生かし方で御社のためにここで使えるんじゃないか」とか、「マッチングするんじゃないかと思って強く希望してます」と言ったらどうかと提案しました。

素のままでぶつかる、自分に自信を持つ

そういう指導をした後、彼は次々と内定をとりました。当たり前ですよ。企業や大人から見たら自分の弱点も分かっていて、でもこの会社で活かしたいという本人の意欲も見ているのです。たいした長さの人生も送ってないのに、僕のウリはこうだなんて、そんな単純に言えるわけがないですよね。

大切なのは、ありのままの自分、素の自分を知ることです。それが、自己確立なんです。自分に自信を持つ、自己肯定感が強いということなんですよね。でも学校っていうのは明るい子、それから嘘をつかない子を評価するんです。

嘘つきがいいとは言いませんけども嘘だってつきたくなるようなことあるでしょ。性格が暗くったっていいじゃないですか。異性に振られた時に明るい顔をしてたらおかしいですよ。意地悪を誉《ほ》めるわけではないですけれど、する時だってありますしね。すねて黙っている時だってある。そう、ありのままでいいんですよ。そういう事をお互いが認められていれば、じゃあ、逆の事もやってみようかとか、みんなと力を合わせてみようかっていう、希望と期待が湧いてきて、自発的なやる気が引き起こされてくるんです。

進む大学のサバイバル化 大学側の学生確保のための手厚い〝サポート〟

保護者のクレーム多発

最近では大学の保護者のモンスターペアレント化という現象が起きています。

例えば、さあ就職・進級できたかなという時に、単位がとれてなくて留年とか卒業ができないとかギリギリになって分かることがあります。

ある有名私立大学では、卒業できない学生の親に成績通知を送ったら、「うちの子は、大学4年間でわずか4単位しか取ってなかった。何でもっと早く教えてくれなかったのか」とクレームがついたとある教授が言っていました。それから、「必修科目の単位が取れていないなら、もっと早く言ってくれてたら親の方で何とか息子を授業に出させたのに」というクレームもあったそうです。

単位を落とすのも本人の自由なんです。留年するのも、中退するのだって自由じゃないですか。それなのにそういうクレームがつくわけです。

それに対して大学側はどうするかといえば、「いや、それは大変だ。クレームをつけられた。それならば、1時間目の語学の授業を受けている学生は名簿を良くチェックして、欠席が3回目以上になったらすぐ事務から保護者に連絡を入れるようにしましょう」と教授会で決めるのです。

どんどん進む大学の保育園化

さらに、小中高校でもやらないようなことが、最近の大学では行われています。九州のある国立大学などでは家庭訪問をやっているんですよ。大学は専門のプロではありますけれど、教育のプロではないから教育に関しては不充分なんです。だから、教育のプロとして家庭訪問なんてむしろマイナスで、そんなことより高校教育への問題提起だとか、大学入試制度の見直しだとかをやることが社会的な責任だというふうにはとれないんです。だから〝変な企業努力〟をしちゃうわけです。

四国のある国立大学ではコンビニを襲って5万円恐喝

した学生が出て、理由を警察で聞いたら生活費に困っていたと言ったので、大学では無利子で5万円貸し出しますっていう制度を設けたんです。ところが半年経っても一人も申し込みがないという結果でした。

四国のある国立大学の学長は、「尾木先生大変ですよ、もうすぐ冬休み入るから冬休みの過ごし方っていう学生指導しなきゃならない」って言うわけですよ。何をやらされているんですかって聞くと、「いえ私も変だとは思うんですが、保護者が要求してくるんですよ」って言うんです。僕がその大学の学長と話している時にも、突然、ドアがガラガラって開いて保護者が覗《のぞ》くのです。「尾木ママが来てる」っていうことでね。何なんだこれはって思いましたよね。

大学よ、もっと毅然《きぜん》と立ち向かえ

大学の先生たちは、教育論では立ち向かえないんです。「モンスターペアレントの親たちよ、何を言っているのか、これはこうなんだ」と親に毅然と説明をすることができないんですよね。

最近では小・中・高の現場でも、そういうことが起きています。だから演劇で、「桃太郎が16人もいたり、シンデレラ姫が5人もいる」ということになるのです。「うちの子が主役になっていない」と親が抗議してきたら、先生たちには返す言葉が見つからないんです。僕だったら、「ひとつの劇を皆でやることに意義があるんですよ」って切り返すのにね。それが演劇教育の真髄だって何で言えないのでしょうか。何で保護者からの抗議をうのみにして、皆を主人公にしちゃうのか、そこらへんが僕には理解できません。少なくとも僕の教師人生の中でそういう局面に出くわしたことは一度もありませんでしたし、周りの状況だってそうでした。

東京都小学校体育連盟の調査（1997年）では、都内の小学校の約8割は、運動会で子どもたちの順位をつけないようにしているという報告もありました。極端な例では、ゴール前で手をつないで一緒にテープを切らせたり、足の遅い子には距離の短いコースを走らせるなどの配慮もしていたということです。

なんのために大学があるのか

大学のサバイバルという問題もあります。生き残りをかけて、〝経営努力〟しなきゃいけないという事情です。

それで、1限目の授業のある朝は、モーニングコールもするよとなるのです。すると、面倒見の良い大学ランキングで発表されたりするんですよ。面倒見じゃないですよ、子どもをダメにするランキングと同じなのにね。

有名出版元の大学ランキングなんていう本があるんですよね。そこに掲載されて、「まさか200位になったらマズイでしょう」などといった声が聞こえるのです。いいじゃないそんなのと思いますよね。輝く300位なんてね、そのかわり、「ウチはこういうゼミをやって学生の自主性を育むようにしています」とか、中身を差別化すればいいのです。

さらに、国にとって大学は一つのライフラインですから、国家が財源をすべて補償するのであとは自由にやってくださいぐらい、大学側に〝預ける〟姿勢があってもよいと思うのですが、現実はそうはなっていません。だから大学は存続のために、いろいろな企業と結びつくわけです。

某有名エリート大学では、東京電力からの寄附講座を何億円という予算をつけて設けています、そのかわり、そこで教える東電の社員の優秀な人材に〝特任教授〟という片書きを授けています。

○○大学教授と言ったら、すごいなってみんな信頼するけど、何だ東電の社員じゃないかって、実に見事にやられるわけですね。

それにしても、酷《ひど》いですよね、あのメルトダウン。東京電力は、2011年3月11日に福島第一原子力発電所が爆発した直後にわかっていたわけじゃないですか。爆発直後から中国なんかそれをバンバン報道していました。ちょうど僕が視察で韓国に行っていた時と重なっていたのですが、僕でも「いくらなんでも、中国は過敏すぎるよ」と思ったくらいですから、すっかり東電にだまされました。だからそういうことを見抜いていける人材を作らなきゃいけないわけですよね。

大学の選び方、進路の決め方

今の学生たちにとって大学の存在意義は、〝出世のため〟あるいは〝自分のブランド力を付けるため〟の手段になってしまっているんですよ。大学で何を学ぶかではなくて、どの大学へ入るかが目的になっているのです。

ですが、学生本人がどういうキャリアビジョンを描いているかが進路選びには重要です。

例えば、単に○○大学に行きたいんじゃなくて、モノ作りが好きだったり、バイクいじりが好きだから、「ボルトでもマフラーでも、その分野で誰にも負けないようなモノ作りのところで力を発揮したい」、「手先も器用だし技術家庭も得意だったからそこで力を発揮するんだ」――などという実際のキャリアデザインをきちっと持って、そして、それを一番実現してくれるのはどこなのかと、大学を選べば良いのです。

そこでしっかり力をつけて、そして一流のモノ作りの職人になり、職人の地位を高めていくことです。それは給料面でも待遇面でも社会的な評価の面でも大切で、それらをどう高めていくかがこれからの日本の大きな課題になるのではないでしょうか。

そういった流れが確立できるのを待つんじゃなくて、自らがそうなってみせて、例えば、「東京大学の工学部を出ていて町工場の15人の工場で工場長やりながら、10種類の特許のある製品を作った」とかですね。こういったリーダーが5人、6人出てきたら、流れがスッーと作れます。自分が初めてのリーダーになろうぐらいの根性を持っていてもいいんじゃないでしょうか。

そうしたらあとに続く学生たちは、一生懸命勉強して続々と東京大学へ入って行くと思います。単に、東京大学の名前が欲しいという、ブランド力に頼るのではなくて、そういう大学選びがあってもいいじゃないですか。

あるいは、早稲田大学でなくてもこの分野では、この地方のこの大学がいいっていうのは、いっぱいあるわけですよね。反対に、地元の大学へ行こうと思ったけれども、「ある研究で、特定の教授の所へ学びに行きたいから、私は早稲田大学を目指したい」ということもありうるわけです。

どういう生き方、自己実現をするか

自分はどういう生き方をするのか、どこで自己実現をするのか、それをサポートしてくれるにふさわしい大学を選んでいくという。そうなっていくべきですね。その要望に十分にこたえられていない現段階では、そんなに理想通りいかないかもしれませんが、大きく道を間違うことはないでしょう。東京大学に行きたいから、東京大学ならどこでもいいや、といくつもの学部を受けておいて、次のランクは一ツ橋大学だから、と一ツ橋大学のいくつかの学部受けてみたり――そういうばからしいことにはならないですよ。

よく早稲田大学なんかでも、早稲田ならどこでもと、政経や法学部や商学や文学や教育を全部受ける学生がいますけれども。そして、どこでもいいから受かったところへ行くみたいなね。これは60年代、70年代ならそれで通用したんですよ。当時は、大学もそれなりのものを持っていましたしね。だけど今は違うと思います。そういう時代は終わったと思いますね。このグローバル化してIT化した社会では、明らかに違ってきています。そこにやはり我々自身が気が付かなきゃいけないんですよ。大学観や教育観においても、世界がどんどん変わってきているのに、日本だけは何も変わっていないんです。

国際社会で苦戦している日本のトップエリートたち

国際社会における大学生の評価

日本人大学生の就職難が深刻化する一方で、外国人採用を増やす企業が相次いでいます。今の日本では国内市場での成長が見込めないため、アジアや新興国など海外での事業を強化するのが目的です。日本の大学生の前途はますます厳しくなります。

「ユニクロ」を展開する衣料品メーカー・ファーストリテイリングでは、2010年の国内新卒採用者約200人のうち、外国人が約100人でした。2011年も国内新卒採用約600人のうち、半数を外国人にする計画です。

家電メーカーの「パナソニック」は、10年度新卒採用1250人のうち海外で外国人を採用するグローバル採用枠が750人でした。さらに、11年度は外国人の割合を増やし、新卒採用1390人のうち、グローバル採用枠を1100人にするといいますし、残る290人についても日本人だけを採るわけではありません。

コンビニエンスストアを展開している「ローソン」は、2008年度から外国人留学生の新卒採用を始め、2010年度は新卒採用者88人中17人が外国人でした。これまでに中国、ベトナム、韓国、台湾、インドネシアなどの留学生を採用し、2011年度は60人中20人が外国人となる予定だといいます。

このように国際社会における日本企業のグローバル化が進んだ結果、企業の新卒大学生の採用基準は、大きく変わり、結果として日本人大学生にとっては、企業に期待されている、求められている能力と大学で身につけた能力の間に大きなギャップができてしまったのです。

この問題の根底には、1990年代、2000年代の日本の教育方針が世界の向かっていた方向と違っていたために、大きなねじれが生じてしまったということがあります。ですから、どれだけ優秀だと言われた大学生を採用しても、企業では使い物にならないという結果が起きてしまい、その結果、頼れるのが留学生になってしまったということなんです。

日本の教育を世界標準化するための四つのキーワード

①「自己決定力」

僕は、特にこの20年間の日本の教育が国際社会にはまったくマッチしていなかったと思います。一つは、今号の特集でも取り上げていますが、教育の現場視察に行ったお隣りの韓国では「自己決定力」を人材育成の柱に掲げています。

つまり、精神的な自立、個の確立を育てているということです。自己決定するということは、例えば、数学の授業の1コマで、どのレベルの問題を解くか、どうやったら40分の1コマを有効に活用できるかを、学ぶ側が主体となって決めることです。

あるいは英語の時間に、班ごとに、今日の討論のテーマを決めることでもあり、日本の学校で先生がよくやるように「このテーマでやってください」と先生が指示することではありません。

さらに、韓国の教育現場の視察では、ネット依存のカウンセリングのセンターを訪問したのですが、そのセンターの入口の看板に「ここに訪れるのはあなたの意志です。自己決定しなさい」とドーンと書いてあるんです。養護の先生だとか、あるいは親に連れて来られるのではなくて、あなたの意志でここに来たんだ、治したいんだという「自己決定力」が全面に出ているんです。

もちろん韓国でも、地方に行けばそうではないでしょうし、国民性などの背景も違いますが、公的機関や公教育も含めて、国レベルでそういう方向に行こうとしている意図が明確に伝わってきます。

②「教えから学びへの転換」

二つ目の問題は「教えから学びへの転換」です。ご存知の方もいらっしゃると思いますが、アメリカの名門ハーバード大学で最も人気のある授業と言われている、サンデル教授の「JUSTICE（正義）」の授業があります。

この授業は現代の難問をめぐって、議論を戦わせることで有名になりました。日本でもNHKテレビで、「ハーバード白熱教室」というタイトルで放送されていましたが、その授業は教室というよりホールで行われ、学生が400人、500人いても、相互にディスカッションしながら授業を進めていくのです。

日本の大学でああいうことをやってる人はどれだけいるんでしょうか、ということなんです。そういう意味では、教授が学生たちに教え込むことではなくて、学生たちが学んでいくのをサポートしたり、ディスカッションを組織していくことを、もっと教師が担わなければなりません。

③「子ども参加」

三つ目の問題は、「子ども参加」です。１９８９年に子どもの権利条約が国連総会で批准されましたけれども、そこで述べられているのも「子どもの自己決定」です。

子どもにとっての最善の利益がメインテーマに掲げられているのです。それには、子どもが参加して意見を表明することができる多様な機会をつくる必要があります。

以前対談して、僕と共著も出版しているオランダ在住の教育研究家、リヒテルズ直子さんは、「オランダでは4歳の子どもが児童会議に参加して、親指くわえながら手を挙げている。つまり、学校っていうのは民主主義のトレーニング場ですからね」とおっしゃっています。これは何もオランダだけではありませんし、フィンランドだってスウェーデンだってそうですし、教育先進国ではどこへ行っても同じです。

日本の学校関係者が、「学校は民主主義のトレーニング場」って言ったのを聞いたことはないですね。１９９4年に批准してから15年以上経っていますが、文科省から、具体的提言について、まだ一度も聞いたことがないのは非常に残念ですね。

④「時代への対応能力の遅れ」

また、２０１１年2月25日、26日に行われた京都大学入学試験でのネットのカンニングが社会問題になった時、京都大学側の対応が端的に日本の遅れを示しています。京都大学の入試担当者は、「来年から持ち込みＯＫとします、それでも解けないように問題を工夫します」と言えばいいんです。

大学側が、「偽計《ぎけい》務妨害罪」で「被害届け」を出し逮捕させるっていうレベルですからね。かろうじて同志社大学が、「更生に期待したい」という意思表示をして告訴を取り下げたと聞いて、ホッとしました。

つまり、カンニング行為自体は許されないことですが、この事件を題材やきっかけにして、入試の内容や形態、入試ではかる、学生に求める「学力」が、今の時代にあったものなのかを改めて検討する姿勢が大学には見られてもよかったように思うのです。皆がケータイを使うようになって、大学生もほぼ全員がケータイを持っている時代です。カンニングした学生にケータイという「メディアを活用する力」はあったわけですからね。

注入型の教育では学生が育たない

こういう価値観で育ち、そして先生によい子だと評価されようと「よい子」を演じ、学力だって、自分が疑問に思ったことを、さらに突っ込んで先生にぶつけていくのではなくて、先生がこれを望んでいるなっていう発想になっていくのは、今の教育制度のもとでは必然です。

そういう狭い枠の中で、しかも一斉型・注入型の教育を受け、それぞれの教師本人の評価を気にしながら学生が授業を受けているという構造のままでは、何も進展しません。

このままでは、先程言った「自己決定」、「個の確立」はできないし、プレゼン能力だって育ってこないし、ハングリー精神もないし、語学力だって勿論弱いし…。これじゃ留学生を押しのけてでも、企業が「おっ、コイツ優れてるな。うちの会社で採用しよう」とは思えないじゃないですか。だから、次々と留学生を採るという方向に切替えていくわけでしょ。当たり前のことです。

留学生に勝てない日本の学生

この事態に日本の大学も非常に焦っていて、トップ大学でも、大学の研究レベルが維持できないという危機感さえ出ています。早稲田大学でもこのままではダメだと、留学生に勝てるような早稲田の学生を作らなきゃというので、あるゼミが英語でグローバルな授業をやっているのですが、こんな状況があります。

英語で授業をやり英語でディスカッションさせ、英語のレポートを出させるという先端のゼミを開設して、試験で募集したところ、27人中、受かった日本人はたった一人なんですよ。ここにもやはり問題がありますね。たった一人しか受からないような事態です。留学生に負けないような日本の学生をかき集めようとしても、もう間に合わなくなってしまっているのかも知れません。

阪大や東大、京大やそれから九大では、就職率が軒並み苦戦しています。これらの大学で就職ができなくて留年したと見られる学生は21～22%で、阪大では最も多く27～28%でした。

もちろん、より良い就職を目指しているという事実もあるので、単純にパーセンテージの問題では語れませんし、数値が低いことと劣っていることは直結してはいませんが、国際社会で比較した時に、日本のトップエリートが苦戦しているのは、日本がエリート層を育てるのに失敗していることを証明しています。

さらに早稲田大学では、タイへ行って優秀な高校生を授業料無償にするからと一生懸命引き抜きをしていますし、明治大学は、ＪＴＢと提携して明治で学ぼうと呼びかけ世界展開で学生集めをやっています。

完全に取り残された日本の教育、問題はどう復興させるか

今の日本の教育の最大の問題

今の日本の教育制度は、義務教育の小学校までは学力以外のものさし（価値基準）で個々の子どもを見て、個性を伸ばす、という対応がよくできています。例えば、「この子は勉強はできないけどスポーツ万能なところを見て運動会の役回りをつくる」とかね。ところが中学校に入ったとたん3年後の高校入試に向けてそのようなことが綺麗《きれい》事になってしまうんです。60年代、70年代だったら、これで通用しましたが、今は、皆が受験、競争という1本の価値観に流し込まれてしまっています。さらに競争社会の中で、アジアからの優秀な留学生たちの出現によって、日本のトップエリートたちですら勝ち組に残れず、なりをひそめてしまったというわけです。これでは日本も元気が出ません。

では、この先どういった人材育成が必要なのかというと、霞ヶ関の優秀な官僚や、先進企業の優秀な頭脳は、やはり必要なんですが、それしかないのでは考えが狭すぎます。そうではなくてもう1本、例えば、モノ作りに長けていて、大卒であろうがなかろうが、学歴に関係なく、全国から続々と優秀な人材が集まってくるような企業があったっていいじゃないかと思います。

そして、そういう企業だからこそ大学で学んだことが、モノ作りを解明するときの知識として、あるいは、技術を追及していく論理力として活かされるわけですし、そういった企業が大企業でなく町工場であったって、素晴

らしい評価を受けるんじゃないかと思います。

問題解決には価値観の多様化も必要

そうなると、「エリートがダメでも、モノ作りで日本はすごいよ、まだまだ希望が持てるよ」と元気が出ます。唯一頼っていた価値観がダメになったら、なんかみんなダメだって言われている感じがします。これはやっぱりマズイですよね。

「世界中の色々な精密機器が、日本の町工場で作られているんだ」、というくらいのメッセージを国だとかリーダー層が示すべきです。そして自分はそちらに行って働こう、「僕、東京大学を卒業したけれど、そっちで働くよ」なんて大いに結構じゃないですか。その時に初めて、どこの大学を出たかなんて、そんなこと問題じゃなくなって、「大学で何を学び、どういうふうに自己実現し、社会に貢献出来るような意義のある教育を受けた」という、その質が問われて転換が起きるんです。

モノ作りのマイスターではありませんけれども、今の日本では、職人としての社会的評価は定着していません。日本の町工場や中小企業にはモノ作りの技術世界一なんていうのが幾つもあるわけですから、そこの継承だとか、それが実は素晴らしいことなんだという社会的評価をもっとすべきだし、国が資金面を含めてもっとバックアップしていくべきです。あるいは賃金面においても、国民全体が認めていけるような価値の転換が必要ですね。今の日本は、ホワイトカラーの偏差値1本の軸しかないから倒れちゃうんですよ。少なくとももう1本作らなくてはダメです。

Special Interview

1 世界との比較
2 文部科学省への提言
3 子どもの幸福感
4 大震災、原発事故、子どもたちの未来
5 教師に望むこと
6 子を持つ親に望むこと

もし、尾木直樹さんが、文部科学大臣だったら…

〝尾木ママ〟として、テレビや雑誌でも大人気の尾木直樹さんは、本当は中学校、高校での教師歴22年、日本で初めて学級新聞を普及させたという熱血先生でした。現在は、教育評論家としても広く活躍されています。その尾木直樹さんが、〝もし、文部科学大臣だったら…〟日本の教育のどこをどう変えるかについて、お聞きしました。

尾木直樹
教育評論家・法政大学教授

THEME 1

世界との比較

——今回のテーマですが、もし尾木直樹さんが文部科学大臣だったら、子どもたちの幸せな未来のために、今の日本の教育をどう手がけるのでしょうか？

一番やりたいと思っているのは、日本の教育を世界レベルに標準化することですね。今の日本の教育は、教育理念、カリキュラム、学力、どれをとっても世界レベルに程遠い状態です。じゃあ教育をどうやって世界レベルに標準化するのかということになるのですが、そのためには国際的なものさし、価値基準で教育を捉える必要があります。

それにはOECD※加盟国が目指している教育理念、カリキュラム論、学力論を日本ももっと研究して、見習うべき点はどんどん見習い、日本の教育制度の質を高めていくことが必要です。僕はそこに、これからの日本の子どもたちにとって未来の教育を足掛りにして、どうつくっていくかが凝縮されていると思いますし、それがこれからの日本の教育にふさわしい民主主義の体現ではないでしょうか。

——日本の学校教育について、もう少しお話し頂けないでしょうか？

今、多くのOECDの加盟国は、多文化共生社会の実現という方向に向いていい

※OECD
経済協力開発機構（Organisation for Economic Co-operation and Development の略）で、本部はフランスのパリに置かれています。先進国間の自由な意見交換・情報交換を通じて、①経済成長、②貿易自由化、③途上国支援（これを「OECDの三大目的」といいます）に貢献することを目的としています。2011年8月の時点で、OECDの加盟国は日本を含め34か国となっています。

ます。学校教育は、そこに向けた民主主義のトレーニング場としての位置づけです。そのためには、教育においても、いかにして自立した主権者を育てるかというカリキュラムが組まれている必要があります。

特に後期中等教育の高校教育は、そこに特化すべきです。残念ながら今の日本の学校教育はそこが何も無いんですね。だから、どうしようもない大学入試競争が地獄と化しているんです。

――今の日本の教育には、どういう国づくりをするのか、国際社会のなかでどういう位置づけをするという世界認識がないからですね。

そうなんです。そのなかで唯一、文部科学省の世界認識らしい文言がでてくるのが、「知識基盤社会がやって来た」※で、これしかないんです。文部科学白書のなかで、「〝知識基盤社会〟の到来とともに、科学技術に関する世界的な競争がこれまで以上に激化しており、我が国においても、次代を担う科学技術系人材の育成が不可欠です」と言っています。でも、ＯＥＣＤでは四つ出しています。知識基盤社会がやってきた、成熟した市民社会がやってきた、格差社会がやってきた、多文化共生社会がやってきた、の四つです。

文科省はそのなかで一つしか言っていないんです。これは非常にずるい考え方です。しかも、〝知識基盤社会〟の知識基盤と言った時に、今度はマスコミや教育業界のあおりをうけて日本国民は、皆違う方向にもっていかれているんです。学力競争のテストの知識が基盤になった、それをつけなければならないと…。

※知識基盤社会
平成17年の中央教育審議会答申「我が国の高等教育の将来像」で示された言葉で新しい知識・情報・技術が政治・経済・文化をはじめ社会のあらゆる領域での活動の基盤として飛躍的に重要性を増す社会であると定義されている。特長として次のようなことを挙げている。
①知識には国境がなく，グローバル化が一層進む。②知識は日進月歩であり，競争と技術革新が絶え間なく生まれる。③知識の進展は旧来のパラダイムの転換を伴うことが多く，幅広い知識と柔軟な思考力に基づく判断が一層重要になる。④性別や年齢を問わず参画することが促進される。

こうやって、知識基盤という言葉も、なんのためのものかというその目的を重視し発信していくのではなくて、手段としての100ます計算だとか、脳トレみたいなところに流しこんでいくための水路に使っているだけなんです。ましてや、市民社会、格差、多文化というものに関しては、日本の文部科学行政はそれらを無いものにしていますね。

――成熟した市民社会、格差社会、多文化共生社会など、OECD諸国と比べて日本の問題を指摘してください。

日本の場合、まず外国人の地方参政権を認めないとは、何事でしょうか。しかも、外国人の二世、三世の母国語教育の保証もしていません。外国人の子どもたちにとっては、自分の母国の言葉や文化を学ぶことは、日本で生活していて日本語を学ぶのと同じくらい大切なことです。でも、日本はそれをしていません。このことについて日本は何回も「国連・子どもの権利委員会」から勧告を受けているんですよ。ちゃんとやってくれと。

ようやくハーグ条約※で世界から実際に圧力がかかってきましたよね。日本も批准しなさいと。これなど重要な問題です。国際的な親と子どもの関係のレベルや認識には幅がありますので、単純にいかないところもたくさんありますが、考えていかなければいけない問題です。

もっと重要なのが、ついこの間まで民法だって、子どもの親殺しと親の子殺しの罪との扱いに随分落差がありました。法律を改正してから、まだ10年も経って

※ハーグ条約
オランダのハーグで締結された条約のうちいずれかを指す略称である。ここでは、以下のことを指している。
国際的な子の奪取の民事面に関する条約…国家間の不法な児童連れ去りを防止することを目的として、1980年10月25日に採択され、1983年12月1日に発効した多国間条約。

いないですよ。それぐらいに基本的な人権だとか、個としての子どもの尊重だとかが重要視されていないわけです。だから、愛の鞭《むち》論で体罰がまだ叫ばれていたり、それを懐かしがる人がいたりするなど大変に後れた状況です。

歴史的な経緯で言うと小泉・竹中政権の約10年間で、ヨーロッパ諸国ではどんどん先に進んでいるなかで、日本の教育は逆流していたのです。日本は何十年分も遅れてしまった。そこへのメス入れが必要です。

それから、教育基本法※はすぐに手直しをしなければなりません。あるいは、凍結しなければいけません。この4月から始まっている学習指導要領も、あの安倍政権のどうしようもない改正教育基本法に乗っかってつくった初めての学習指導要領で、中身はまったく空洞化しているんです。それなのに新しい学習指導要領で学力が上がるというような妄想をメディアまでもが持っています。

※教育基本法
2006年12月22日に公布・施行された現行の教育基本法は1947年発布・施行の教育基本法の全部を改正したもの。第1章から第4章までに分けられており、「教育の目的及び理念」、「教育の実施に関する基本」、「教育行政」、「法令の制定」について規定されている。

THEME 2 文部科学省への提言

——文部科学省へ、具体的などのような提言ができるか、尾木さんのお考えをお聞かせいただきたいのですが…。

大きな問題で言いますと、今の日本の教育のなかで決定的に欠落している問題が二つあります。

一つは、子どもをいかに尊重するのかという問題です。子どもの権利条約※が日本では1994年に批准されています。それからもう17年経ちますが、文部行政が子どもの権利条約の子の字も、言ったことがないのです。つまり、文部科学省が子どもの権利条約の実態化への旗降り役として全く機能していない。それなのに、むしろそのことを誇らしげに対談で言うんです。

子どもの権利なら、「中学生には生徒会がある」と…。こんなことを文部科学省の局長クラスが言うような権利認識レベルです。子ども権利条約は国内法よりも上位に位置づけられている国際法ですので、そういうことも含めて原点に戻って子どもの権利条約の理念を検証することが必要です。

すでに世界では、ほとんどの国が実態のある具体的な対応策を講じていますが、日本ではまだスローガンで、それもなんと言うのか、どこかの蔵か博物館に、長期にわたりしまいこんだままのような状況です。隣国の韓国でも、子ども権利条約の体現に一歩、二歩踏み出し始めています。こんなに遅れているのは日本だけではないでしょうか。今まで、日本の文科行政のトップは、責任を放棄してきたのに等しい状況です。子どもの権利をどう守るのか、子どもの社会参加をどう実現するのか、子どもの学校づくりへの参加をどうするか…。さらに、子どもと家庭、子どもと保護者、親との関係性の問題も、きわめて機能不全に陥《おちい》っています。これらすべての問題について、解決していかなければと思います。

――今の日本の教育のなかで決定的に欠落しているもう一つの問題とは？

※子どもの権利条約
子どもの基本的人権を国際的に保障するために定められた条約。18歳未満を「子ども」と定義し、国際人権規約（第21回国連総会で採択・1976年発効）が定める基本的人権を、その生存、成長、発達の過程で特別な保護と援助を必要とする子どもの視点から詳説している。前文と本文54条からなり、子どもの生存、発達、保護、参加という包括的な権利を実現・確保するために必要となる具体的な事項を規定している。1989年の第44回国連総会において採択され、1990年に発効した。日本は1994年に批准した。

二つめの問題は、教育行政の問題です。ちょっと専門的になりますが、2008年の12月にセアート※（CEART）勧告が出ました。セアートとは、「教員の地位に関する勧告」の各国における適用状況を監視している国際労働機関（ILO）と国連教育科学文化機関（ユネスコ）の共同専門家委員会のことです。1965年に、ILOとユネスコの共同調査が日本に入って、教員の地位協定に反しているという明確な判断を出し、全日本教職員組合の申立てに対して文科省と地方教育委員会へ誠実な社会的対話をすすめるよう勧告を出しています。

教員が粗末にされているという勧告を受けた国家は日本以外、世界にどこにもありません。日本は戦後65年が経ちますけれどもドライヤー※勧告以来、勧告が出されて、およそ44年ぶりです。日本にとって不名誉極まりないことなんですよ。

このことを教育者を含めて誰も理解していません。メディアも事の重大さの意味が分かっていないのかほとんど報道してません。メディアにとっても学力低下というか、ジャーナリズム精神の低さが問われていると思います。そういう教育行政の問題にメスをいれなければなりません。

――これらの問題を解決していくために、今の日本の教育行政で支障になっているのは何でしょうか?

教育行政の問題が進んでいる国では、現場の教師へのサポート体制が整っているのに対して、日本は権力的な構造として、上から弾圧、抑圧するような構造になっているのです。具体的には、文部行政と都道府県の教育委員会の問題です。

※セアート（CEART）勧告
全日本教職員組合の申し立てを受けて、ILOとユネスコの共同調査団がこれまでに3回、日本における「指導力不足」教員政策や新教職員評価制度の導入において、『教員の地位勧告』が遵守されていないとして、その諸規定に合致するよう文部科学省に対し求めてきた。しかし改善がはかばかしくないとして、日本政府の了承を得て、最調査を行った。
今回の勧告は、その調査で入手した豊富な情報をもとに、この間の文部科学省の部分的改善措置を評価しつつも、日本の教育行政が以前の勧告が遵守されていないことを明快に批判した。

※ドライヤー勧告
1965年に批准された、国民全体の奉仕者の徹底のための公務員に対する労使関係法規の適用排除、労働基本権の制限、政治的行為、私企業への関与等、公務員の身分保証に関する勧告。

もちろんその下部組織に市区町村の教育委員会の問題もあります。

それは例えば、3月11日の東日本大震災で被災した宮城県の教育委員会に現れたように、あれだけの未曾有の、歴史が始まって以来の大災害を受けていながらも教師に4月1日に※人事異動を発令するなんて、ありえない事をやるわけです。

津波にあい、避難場所にもなっている現場の学校の先生からは、「子どもを亡くし、クラスの子どもも行方不明。後片付けも終わらない。教育現場で定められている書類や報告書の作成にも全く手を付けられない。とても異動できる状況ではない」、「親をまだ探し続けている先生もいます。新学期が4月21日という話ですが、まだ不明児童が12名いる。これで学級編成ができるのか。異動の先生が来ても地域にはアパートも何もない。県教委は何を考えているのか」と言う訴えが出ているのが現状です。

一方では、教師が270人足りない、文科省、助けてくれと言っているわけです。こういう事態になることは、震災後の3月の段階でわかっていたはずです。それが、権威主義というか、官僚主義も混ざったような上からの判断によって、いかに学校現場の教師の力量を発揮できなくしているか、やる気を削《そ》いでいるか、子どもを抑圧しているか。こういった点についてきちっとえぐらなければいけないと思います。そして、本来の国や地方行政の役割というものを、もっと温もりのある、子どもも大人も元気が出るものにしたいなと思います。

文部科学省や地方教育委員会の解体論もありますし、それを提言している政権、政党もありますが、それ以前に、いったいどこがおかしくなっているかを、もっと検証する必要がありますね。

この勧告の批准は、日本の労使関係の歴史において重大な意義を持ち、その後の公共部門における労使関係にも大きな影響を与え、引用されることが多い。

※宮城県教育委員会の2011年4月1日付教職員の人事異動
宮城県教育委員会が、県内の公立学校の教職員の人事異動を予定通り2011年4月1日付で発令、現場に混乱が広がった。県教委によると、異動は前年度より450人少ない3367人。このうち、気仙沼市や南三陸町など津波被害が大きかった11市町の小中学校や県立高校など187校の教職員574人は、3月までの在籍校と異動先の兼務とした。仙台市も小中学校など同様の措置を取った。ちなみに岩手県教育委員会は、小中学校は沿岸部、高校など県立は全て人事を凍結。福島県教育委員会も全県で凍結した。いずれも「同じ教員が継続して子どもを見てほしい」との理由だ。

THEME 3 子どもの幸福感

——日本の子どもたちの幸福感は世界に比べて低いと言われていますが、日本の教育制度とは関係があるのでしょうか？

日本の子ども※たちの幸福度が低いという問題ですね。２００６年の世界保健機関（ＷＨＯ）の調査では、オランダでは80％以上の子どもたちが幸福を感じると言っているのに、日本は13％しかないという報告があります。また、別の文科省の調査によると、日本の中学１年生のなかで10・７％がうつ病とそううつ病で、中学１年生の10人に１人が有病者という調査結果もあります。

このことは、２０１０年６月の国連の子ども権利委員会でも憂慮すべき事態として取り上げられ、日本では大人と子どもの関係性、とりわけ子どもと学校の教師の関係性、それから子どもと親との関係性が機能不全に陥っているということが議題の一つとなりました。

つまり、日本の家庭にも学校にも教育力がないことを意味しているわけで、家庭と学校の両方共がダメで、そこまで日本の教育は破壊されつくしてしまったということです。

このような教育事情のなかで、子どもたちはあがき、もだえ、叫び苦しんでい

※子どもたちの幸福度調査
ユニセフ・イノチェンティ研究所は、２００７年２月、経済先進国（全てOECD加盟国）の子どもや若者を取り巻く状況に関する研究報告書（Report Card 7）を発表した。この研究では、各国の子どもの

ます。特に最近10年間というスパンで見て、子ども自身が犯す事件の低年齢化が進んでいますが、それらも子どもたちの叫びとして受けとめる必要があり、単に厳罰化すればいいんだとか、少年法の適用年齢を下げればいいんだとかいう問題ではありません。

――そこを捉え直すために、これはやらなければいけないという基本的な方針はありますか？

子どもの声を聞き取りながら、一つひとつ解決していくということではないでしょうか。たとえ善意であっても、大人の方が一人走りしたり、一生懸命になりすぎて議論を喧嘩ごしで戦わすのではなくて、議論、意見が対立的な関係にあってもお互いを尊重し、敬愛しながら、子どもの意見を中心にすえて意見発表だとか、統計やデータなどの数値を参考にしながら、そこのズレの軌道修正を皆でしていくことが大事だと思います。

THEME 4 大震災、原発事故、子どもたちの未来

――3月11日の東日本大震災を正面にすえずに、これからの日本の教育を語ることはできないと言われていますが…。

福祉を、「物」、「健康と安全（治安）」、「教育」、「友人や家族との関係」、「日常生活上のリスク」、そして「子どもや若者自身の『実感』」の6つの角度から複合的に考察。報告書は、今回研究対象となった全ての国で、少なくとも部分的な状況の改善の余地があること、また、全ての面で他の国を凌ぐ国は一つもなかったとしている。

報告書はまた、6つの側面で高い評価を得ている国の多くが、オランダ、スウェーデン、デンマーク、フィンランドと、北欧の小国であることと、国民一人当たりのGDPと子どもの福祉には、必ずしも相関関係があるとは限らないと指摘している。例えば、チェコ共和国などは、他のヨーロッパの経済大国よりも、総合的にみて子どもの福祉レベルが高い国であるとしている。

日本の子どもたちの未来や教育を語る時、東日本大震災※と原発事故は絶対に避けて通れない大テーマで、正面に掲げなければいけません。本来なら文部科学省が、この震災の問題を大きな教育のテーマとして掲げて、〝どうやって舵《かじ》を新たにとり、さらに前進していくか〟、というメッセージを出してもいいと思いますが、そういった声も聞こえてきません。僕のゼミでも大震災と原発事故を受けて、学生が一人で悩んだり、心を痛めたりしてるのが気になって仕方がなかったので、学生たちがそれを吐き出したり、語り合ったり、あるいは先生の一つの視点を聞いたりとか、そういう機会を保証しなければいけないと思い、早めに授業を開始しました。それに臨む僕の基本的な姿勢も、これまでの大学のゼミに向かう第1回目とか第2回目とは全く変わっていたのに気が付きました。真剣勝負だし、共にこれから復興に向けてどうするのかと仲間意識みたいなものもありました。学生の方も、目の輝きや講義へのくらいつきが全然違いました。

例えば、ゼミとしてボランティアで支援活動に参加するというのを決定したときのことです。瓦礫《がれき》を取り除くのも一つの方法です。でも、僕たちは教育の専門で、そのことについて一生懸命勉強をしてきました。ですから、その成果としての子どもたちの心へのサポートとか、学習サポートとか、どういう形で尾木ゼミらしい支援が出来るかを考えて進めることにしたのです。

——ゼミの学生以外にも、大学生をはじめ若者たちの意識の変化は感じ取られたのでしょうか？

※東日本大震災
2011年3月11日14時46分18秒（日本時間）、宮城県牡鹿半島の東南東沖130キロメートルの海底を震源として発生した東北地方太平洋沖地震は、日本における観測史上最大のマグニチュード9・0を記録し、震源域は岩手県沖から茨城県沖までの南北約50キロメートル、東西約20キロメートルの広範囲に及んだ。この地震により、場所によっては波高10メートル以上、最大遡上高40・5メートルにも上る大津波が発生し、東北地方と関東地方の太平洋沿岸部に壊

4月にある大学の新入生を対象に、「大学における学びとは何か」という講演をしました。その講演では、ほとんどの学生が吸い寄せられるように聞いてくれました。僕もいつもならジョークをいくつか飛ばすところですがそれもせずに、今の学びって何だろうと、この震災のなかでの僕たちの生き方っていったい何だろう、ということをストレートに語ることができました。

講演が終了したあとでその大学の教授から、「尾木先生、私たちたいへんになりました。先生があんなに学生の心を掴んだ講義をやったものだから、我々が後、たいへんですよ」と言われたぐらいです。学生からの反応は、さっそく僕のブログにも入ってきました。「感動した」とか、さらに新入生だけじゃなくて、3年生、4年生や、就職がまだ決まってない学生も参加していて、「勇気をもらった」、「生きる方向がわかった」などといった感想の書き込みがありました。あとで、大学からも学生の感想文を送ってきてくれましたが、凄まじい新鮮さ、驚きです。

僕もこれまで各地の大学へ何度も講演に行っていますが、こんなに凄いのは初めてだったんです。学生の側にも、大震災に際して、「生きること」、「学びとは何か」などに対する疑問や思いがたぎっていた。そしてそれに僕からの率直で真剣な「問い」に彼らの心が共鳴したのだと思います。こういった意識の変化が、震災後、学生たちにありましたね。

――震災後、私たちはどう生きればいいのかということについての意識は、もはや日本に住んでいるすべて人々のテーマです。

滅的な被害をもたらした。また、大津波以外にも、地震の揺れや液状化現象、地盤沈下、ダムの決壊などによって、東北と関東の広大な範囲で被害が発生し、各種ライフラインも寸断された。2011年8月13日の時点で震災による死者・行方不明者は2万人以上、建築物の全壊・半壊は合わせて25万戸以上、ピーク時の避難者は40万人以上、停電世帯は800万戸以上、断水世帯は180万戸以上に上った。政府は震災による被害額を16兆から25兆円と試算している。さらに、地震と津波による被害を受けた東京電力福島第一原子力発電所では、全電源を喪失して原子炉を冷却できなくなり、大量の放射性物質の放出を伴う重大な原子力事故に発展した。

「私たちはどう生きればいいのか」ということを今、僕は学生たちに問いかけています。そこにポッと投げかけて、響きあえばぐーと急上昇してきます。それを肌で感じています。講義中も、昔懐かしい学生に向き合っているという感覚を以前よりずっと感じています。そんななかで学生たちにも言いましたが、私たちはこの震災の復興を１２０％生かさなければいけないのですが、力み過ぎて落とし穴にはまってはいけません。震災直後のテレビで、タレントが両手をポケットに突っ込んで、「日本は強い」というような広告を盛んに放映していましたが、何かおかしいと僕は思います。家族だとか地域ならまだ分かりますが、日本ではあまりにも対象が大きすぎますし、漠然としていてスローガンになってしまいます。気持ちだけ前のめりしていて、具体的行動や成果がともなわないことになりかねません。

絆《きずな》日本だとか、日本は団結力だとかでは、何をしたら良いかというイメージが湧きっこないんです。「そういう精神論的なメッセージはファッショ的な発想にすり替えられてしまう」ということに、僕は危険な、きな臭い匂いを感じますね。そうじゃなくて、弱くていいんです、一人ひとりは。その弱い一人ひとりが心を繋ぐことが大事なのです。

THEME 5 教師に望むこと

――福島第一原子力発電所の事故後、原発の安全神話の崩壊や、それ以前に子どもたちの健康問題も定まっていません。

3月11日の東日本大震災を通して、僕たちの生き方やあり方とともに、国づくりの問題から含めて、教育の現場でも基本線が問われています。※福島第一原子力発電所の事故では、今、教育の現場では防災教育ができないという悩みを抱えています。例えば、防災教育のテキストには5・6メートルの津波が襲った何々町の昔の写真が載っているわけですが、それをも超える巨大津波が今、現実に起こってしまった。そしてそれがトラウマになるから使えないという問題がおきて、急遽、教科書会社は表記統一をやっています。でも、表記統一では本質的解決にはなりません。

原子力発電は、これまでの小学生の教科書では安全神話が貫かれていたんです。もともと放射線は自然界でも出ているし、飛行機に乗れば受けるし、医療機器でも使われているし、いかに安全かというのを強調してあったんです。けれども、そうではない現実が今回発生して、文科省も関連するテキストを全部引き上げました。

――実際の学校の先生たちの意識の変化は、原発事故の前と後では、どのようにものがあったのでしょうか？

それが不思議なことに、重大な事態が発生しているのに、国や文科省のこれま

※福島第一原子力発電所の事故
2011年3月11日に、東京電力福島第一原子力発電所において発生した、日本における最大規模の原子力事故である。原子力発電史上初めて、大地震が原因で炉心溶融および水素爆発が発生し、人的要因も重なって、国際原子力事象評価尺度のレベル7（深刻な事故）に相当する多量の放射性物質が外部環境に放出された。
国際原子力事象評価尺度（INES）は確定していないが、原子力安全・保安院による暫定評

での原発教育に対して現場の教師からは怒りの声や、どうすればいいのかという不平・不満の声が思ったより聞こえてこないようなのです。「今まで自分たちの教えていたことを否定されてしまった」ということへのショックや、「僕たち教師が教えていたことは間違いだった、申し訳ない事をした」というわびの気持ちを僕だったら感じると思うんです。

だけど、今、現場の教師からはそういった声があまり聞こえてこない。これはおかしいですよ。間違っていた事を教えていたのですから、それに対する自己嫌悪とか、あるいは憤りを持って当然だと思います。

教育委員会による縦型のトップダウンの指示系統で、教師たちも自分の意見が持てなくなってしまったという現状はありますが、そのなかで教師は教師らしい自立をして、歴史観なり自分の自己体験の苦しみなどを、もっと相対化して社会に発信して欲しいと思います。

個人の問題ではなくて、もっと座標軸を社会とか歴史とか、あるいは政治とクロスさせながら、きっちと捉えていかないと視野狭窄《きょうさく》になっていくと思います。教師も自ら豊かな生き方、楽しい教師生活を送るんだという考え方。そこから捉えた時に、今回の原発問題をどう教えればよいのか、何を子どもと学んでいけばよいのか、自ずと見えてくると思いますね。

THEME 6 子を持つ親に望むこと

価は最悪のレベル7（深刻な事故）である。レベル7の原子力事故は、1986年4月26日にソビエト連邦で起きたチェルノブイリ原子力発電所事故以来2例目である。

チェルノブイリ原子力発電所事故と並ぶ、史上最悪の原子力事故の一つであり、旧ソビエト連邦よりも格段に原発の安全対策の水準が高いと目されていた日本でこのような事態が生じたことは、各国のエネルギー政策に大きな影響を与えた。ヨーロッパでもドイツとイタリアは、脱原子力への方向を加速した。

国際原子力機関（IAEA）はこの事故について、遡上高14メートルから15メートルの津波によって、ほとんどの非常用電源を失ったことが原因であると分析し、過去の警告にもかかわらず自然災害への対策が不十分だったと指摘した。

――尾木先生は、テレビ界では尾木ママとも呼ばれていますが、子育て中のお母さんへのメッセージをお聞かせください。

テレビで尾木ママと呼ばれて以来、子を持つお母さんからの悩みや相談がいっぱい届くようになりました。でも、こんなことで悩むのか、相談してくるのかっていうようなことばかりなんですよ。こちらから見ると。

昔の親は、そんなこと笑い飛ばして終わりだったみたいなことを、ほんとうに真面目に聞いてくるんです。「遮断《しゃだん》されて孤立したなかでは子育てが出来ないんだ」、「どれだけ学力優秀な親であっても、教育学部を出ていようが、ああつまずいて転ぶんだ」ってことをすごく感じます。やっぱり子育ては社会的な営みなのですから家庭で悩んで行き詰まるのではなくて、その悩みを共有するママ友でもいいですし、何か横への風通しを良くすると言うか、そこから始めなきゃいけないとママには望みたいですね。

この頃、子育てや育児に関するママ向けの雑誌からの取材が多いんですよ。赤ちゃん期や一歳から二歳頃にかけてイヤイヤ期とか色々あるでしょ。そこらへんの読み取りも今、殆《ほと》んど親ができていません。「子どもが反抗のイヤイヤをするので、私はキーッとかカッとなって怒鳴ったりしてしまう、どうすればいいんでしょう」とか、「このイヤイヤっていうのはどう見ればいいんだろう。反抗してるようで寂しい」とかね。

そんなの成長の一歩であって、ハイハイしてて後ずさり始めて立ち上がるのと同じで発達のプロセスなんですよ。

——例えば他の教育先進国では、日本と同じように子育ての悩みはあるのでしょうか？

子育て先進国では、ペアレンティングセンター（カナダ）とか他の施設を自治体が運営しています。例えば、スウェーデンでは、子どもが誕生するとベビー用品を一式、自治体が家庭へプレゼントします。日本円で約80万円くらいするベビー用品一式をどーんと、お祝いでくれるみたいなことです。

初めて子どもを産んでお母さんお父さんになった両親についても、丁寧に〝親育て〟をしてくれる行政のサポートがあるんです。日本では赤ちゃん産んだら親にこそなれますが放置状況で、挙げ句の果てに子育て放棄などという社会現象も起きています。

カナダなんかではアドボカシー※と言われるんですけれど、権利の代行までやってくれるサポートも充実しています。例えば、忙しい親がいたら日曜日の夜の12時でも市役所に代わりに行ってくれるんです。日本では平日の5時で終わりですが、そうではないのです。

子育ては親だけでやるものでなく、社会で子育てをするという原理原則が、日本では吹き飛んでしまっています。何でも親の責任、個人の責任になってしまっているんです。そうして、親の苦しみ、親の迷い、親の責任として、重くのしかかってきています。だから虐待がこんなにたくさん出るし、不幸な事件が起きるんですよ。

※アドボカシー
社会的弱者や、マイノリティー等の権利擁護、ニーズの表明を支援し「代弁」すること。例えば、自己の権利を表明することが困難な寝たきりの高齢者や、認知症の高齢者、障害者に対しての支援など。福祉政策の充実した先進国では、共働き世帯や、片親世帯などの日常の「権利代行」をサポートしてくれるところもある。

――今の日本には、教育も子育てもなにか共通の問題が横たわっているように思えるのですが…。

かつては世界において、教育にも子育てにも格差があって、それが社会問題として大きく横たわっていました。ヨーロッパやEUでは、いち早くその問題に気づき、教育、子育ての標準化を実現しました。一方日本は、そういった格差の問題に関しては自省すべきだと世界からも見られていてます。

でも日本の親御さんの子どもへの愛情は、どこの国にも負けないと思います。今までそれを表現する方法がありませんでした。尾木ママが急速に支持されるようになった理由も、ここに一因があると思っています。バラエティー番組などでの肩の力の抜けた〝尾木ママ〟の言動をきっかけに、今まで十分に表現できていなかった子どもへの愛情や、疑問や悩みにも「そうだよね、これでいいんだよね」、「わかった、わかった」と共感する――これが〝尾木ママブレイク〟現象ではないでしょうか。

3月11日の東日本大震災を境に、社会も、行政も、教師も、市民も、急に意識が変わったと僕は感じています。今回の震災は、私たち国民全てに、これからの生き方についての問いを投げかけ、一人ひとりが真剣に答えようとしています。教育も子育てもすべて同じで、一気に変えるチャンスです。そして、一刻も早く日本の教育のレベルを世界レベルに標準化すること。僕が、文部科学大臣になったとしたら、このことをまず第一に着手したいですね。

尾木ママが答えます

教育問題、学習相談、子育て相談…
これで悩みもスッキリ解消！

いじめ問題や学力低下…。様ざまな問題が連日マスコミを賑《にぎ》わしています。若者たちも、グローバル化した社会で通用する学力を模索しています。日本の教育を世界レベルにしたい。子どもたちの幸せ感をもっともっと高くしてあげたい…。これらの悩みや疑問に尾木直樹さんがお答えいたします。

尾木直樹
教育評論家・法政大学教授

教師からの質問

今日の日本の教育制度の中で、学校現場での教育を担う教師たち自身が崩壊しかけていることは深刻な問題です。ここでは教師からの質問に、尾木さんが親身になってお答えいたします。

大学入試はほんとうに必要か？

Q ——尾木先生は書籍『いま「開国」の時、ニッポンの教育』の中で大学入試制度をやめようと提唱していますが、どうやったらそんな時代が来るのでしょうか？

A これは大学入試をやめることが目的というよりも、大学入試制度を変えて、大学受験をしなくても済むような小中高校の学力保証をしましょうということなんです。そうすれば、入試をやって順番を付けたり、振り分けたりする必要はありません。「65%の大学が高校の補習をやっている」みたいな惨憺《さんたん》たる状況は脱出できて、多少の差はあるでしょうけれども、希望すればすべての子どもたちが進学して大学教育をやっていける学力を保証できるようになると思います。

これは習得主義との関係が非常に強くて、今の日本のような学年主義や履修主義の教育制

度では実現できません。実際、世界を見ると他国ではすでに実績もあります。ヨーロッパ諸国の多くがそうで、特にオランダは典型的です。そういう教育制度を一刻も早く日本にも取り入れないと国際社会からますます取り残されてしまいます。僕は競争はあまり好きではありませんが、それこそいい競争にも勝てないで、このままだと日本は沈没すると思います。

必要以上の雑用が多すぎる教師

Q——公立の教師です。必要以上の雑用が多すぎるため、本業の教員に専念できません。日々懸命に仕事をしていますが、個性を伸ばし、個に応じた指導をする余裕がありません。どうしたらよいでしょうか?

A　これは本当にそうですね。国際比較調査を見ても、世界の平均では教師は4種類か5種類位の業務しかこなしてないんですが、日本の教師の平均は、だいたい11種類の業務をこなしていると言われています。PTA活動から部活動から委員会活動から、あらゆる事をやっているわけです。しかも今、教育委員会の管理が強くなってきて、議会で教育委員会が追求されるときに説明責任が生じることで、教育委員会は現場からの報告をたくさん欲しがっています。アンケートの調査集計を報告しろと言われて、先生は、キーボードをカタカタと打ちながら、パソコン使ってデータを入力し、報告書作成に追われるわけです。こういう事態が起こってきています。教育委員会は、細かいことまでいちいち現場から報告させ管理しようとする発想はやめて、もっと現場に任せる、現場を信頼することが重要だと思います。

それこそ教育の自由です。現場の問題は現場に任せて自由にやらせればいいんじゃないでしょうか。

日本の教育制度の問題点

Q 履修主義や年齢がきたら卒業という日本の教育制度は、他国でも同じでしょうか？

A 世界の多くは習得主義です。それは子どもに学力を保証しようということです。A君、B君、C君の運動能力の差があるのと同じように学力の差はあるに決まっています。だから、この子にはどういう力をつけるか、ということは教科ごとの最低ラインを設定したうえで個々に到達目標を設定すべきです。どこまでこの子を伸ばしていくのかっていうのは個々に応じて違って当たり前です。

今の日本の教育は結果平等主義で、どの子にも100点をというスローガンです。一方で、習得主義はその子に応じた力をつけることで、それがその子にとっては生きる力になっていくし、セーフティネットに繋がっていきます。

さらに、今日のようにグローバル化、IT化した国際社会では、国家にとってもそのことが学力保障しつつ、個を保障し、国家のライフラインの保障にもつながります。それをしっかり認識しなきゃいけないと思いますね。

Q 教育方針、他の先進国では？

——教育の方針など、外国と日本の違いについてもう少し教えていただけないでしょうか？　現場で実践できる、他の先進国の事例を知りたいです。

A 国が大きなところで指針を出したり、基準をつくるのはかまいませんが、その裁量は現場がやるべきです。それぞれの学校の先生が一番子どものことを分かっているわけですから、そこに責任を持たせるということです。先日、視察に訪問した韓国でも、かつては教科書は国定でした。それが、教育制度を見なおして英語の教科書は9種類の出版社から出ているものから、それぞれの学校の裁量で決めることができるようになりました。

教師も責任が生じたら、必死になって教材研究もやるし、どの教科書がいいか研究しますよ。押し付けでは良い教科書であってもヤル気が起きないと思います。じゃあうちは二つ購入して読み比べながら授業をしようっていう学校があったっていいじゃないですか。「教育実践の自由をどう保障するか」というのが決め手で、そうしたらそれが責任にもなります。自由と責任というのは裏表の関係です。それを行政が上から決めつけようというのは、日本式の極めて古い考え方だと思います。

Q 高校の予備校化に疑問あり

——難関大学合格者数で高校が評価され高校が予備校化、さらに中学も高校の予備校

化していることを危惧しています。解決方法はないでしょうか？

A 国内の教育制度の歴史を振り返るのではなく、世界に目を開いて、いったい他の国はどういう事をやっているんだろうと見ていくと解決方法が見えてきます。そもそも中学校から高校に上がるのに、入試という段差を設ける必要はないと僕は思っています。子どもの成長・発達の観点からみて、中等教育（前期中等教育は中学校、後期中等教育は高校）を分断するのではなく、6年間を通して子どもを成長させていくのです。

入学したばかりの中学1年生が6年生（＝高校3年生）を見たら、もうおっさんですよ。それでああいう生徒会長、部活の部長になりたいみたいなイメージを持ちながら中学1年生を頑張るわけです。そして高校3年生になると、1年生に入ってきたやつらを今度は面倒見てやんなきゃならないと自覚する。部活でも、上級生が下級生にバットの持ち方から教えると…。こういうふうに一つひとつの発達過程がお互いの支援の仕合いだし、お互いに支えられていくのです。そうして学び舎ができるわけで、6年間という幅でとらえるべきです。それを競争のために3年間で分断させては、本来の中等教育はできません。

子どもの発達を支援するのが学校教育の役割で、公教育の責任です。

他者の評価を気にする日本の子どもたち

Q ――現代の若者や子どもたちは外国へ出たがりません。尾木先生はその点について、何が原因だと思われるでしょうか？　また、どうしたら外国への道が開けるのでしょうか？

A アジアの中でも特異な方向へ今、日本は行ってしまっています。韓国は9％、中国は21％も留学生が増えています。韓国は教育の標準化を図り、貧富の差が教育格差を生み出さないというのが国家的なスローガンです。お金がなくて国外に留学できなくても、英語村をつくって留学と同じ環境で英語教育が受けられます。国家として標準化、どの子にも機会均等をつくっています。一方で日本は、自らはずしているんです。

先き行きの見えない経済不況やリーマンショックという状況下で、打開策を見つけるためにアメリカへ留学するとか、ヨーロッパに学びに行くとか視野が広がってきません。常に他者から評価される自分でしかなかったから、自ら求めて海外を見るという視点、発想が若者にはありません。いつも見られる立場だからみんな固まって行くんです。グループ化して固まって、一緒にトイレに入りに行くということになる。他者から評価される生き方に慣れきっちゃったからだと思います。友だちが5～6人いたら、それでいい。何もそんな無茶してっていう発想になる。アドベンチャー精神なんてないんです。

若者の目を世界に広げさせるような教育やきっかけづくりが今、緊急に求められています。

親を乗り越えるということを教える

Q——**「子離れが出来ていない、親になりきれていない」親に育てられた子どもとの接し方で悩んでいます。なにか良い方法はありますか？**

A かなり切実な問題がたくさんあります。モンスターペアレントの我が子中心主義なんか典型的にそうです。親自体が大人になり切れていない、自立した社会人になれていないということなんです。こういう親子関係の時に、「親と子が話し合って」と言ってもできません。親が子どもなのですから、親と真正面からぶつかって説明しても、親が聞く耳を持ちません。僕が学校の教師をしていた時は、次のように生徒に言いました。

「○○くん、髪染めたり非行に走ったりケンカなんかしてるのかっこ悪いじゃん。もうしょうがないからこの際、親を乗り越えようって」

するとスポーンと抜ける子が、結構多かったですね。親のところでぶつかっているから駄目なんで、親を突き抜けようよって勧めることで、脱出できた子が多かったように思います。

学力の相対評価に異議あり

Q ——**子どもに適切な学習結果を通知する際に、今のような内申書でよいのか疑問です。先生のお考えをお聞かせください。**

A 他者との比較で内申書をつけることは、全く良くありません。1990年初頭から絶対評価に入ったはずなのに、入試に役に立たないからといって相対評価に切り替えているわけです。他者との比較では、その子の学力を正確に示すことはできません。あたり前のことですが、ある学校で100人中1番の生徒が、他の学校でも1番ということにはなりません。その学校では10番かも、もしかしたらそれ以下かも知れません。要は相対評価がいかに無意味かっていうことなんです。その子の到達すべき学力水準である「頑張り目標」を設定して、その到達度を支援するのが学校の役割です。例えばフィンランドでは、絶対人数が多い中でついて行けない生徒は、少人数クラスで補習をしていく。その補習も日本でいう補習と違って、6時間目が終わってから居残り補習をするのではなく、正規授業の中で組み込んでいるんです。フィンランドの25%くらいの子どもたちがこういう補習をやってます。

世界標準の教育とは何か？

Q 尾木先生が言われている世界標準の教育とは？　全ての人が世界標準の教育を受けられる環境づくりはどうやって可能になるのでしょうか？

A まず、世界標準の教育とは何かというと、国家が教育の機会均等をあらゆる所で保障する、そういう政策を打ち出し実行していくことだと思います。今の日本の教育は結果平等論的な考えが根底にあります。子どもたちは皆、個々の能力を持っていて、教科によって適性や得意不得意もあるのに、日本の教育では集団で捉えているんです。すると当然、この集団の中にいられない子が出るわけで、そういった子どもたちがふきこぼれてしまう。下へふきこぼれて落ちる子もいれば、上へもこぼれる子もいます。そうではなくて個々に捉えることができれば、百通りに伸ばしていくことができるはずで、ふきこぼれなんて出るはずありません。日本の教育指針が、今の学習指導要領に縛られている限り、この問題は解決しません。中学1年生と中学3年生が一緒の教室で勉強したっていいんです。例えば、因数分解の問題で中3のそこの理解・習得が遅れている子が中1と一緒に学んでもいいし、あるいは、

英語のところでは高校レベルのことをやっているかも知れませんし、それでいいんです。

うつになる先生、ならない先生

Q——教師の「うつ」についてお尋ねします。性格や能力など、一般的にどのような先生がうつになりやすいのでしょうか？　また、予防のためには、どのようなことに気を付けたらよいのでしょうか？

A　うつになる先生は40代、50代で合わせて75％ぐらい占めています。また、圧倒的に真面目な先生です。さらに、仕事もよくできる先生です。そして子どもたちからの信頼の厚い先生です。若い先生は上手くいかなくて当たり前なんですよ。新任3年目で上手くいかなくても「3年目じゃしょうがないな」と親も思うし、生徒も思っています。周りの先生も「応援してあげよう」って思うでしょ。ところが53歳にもなって、「何年教員やってんだあいつは」ってなったら、皆の視線も冷たいし自分からも相談できないんです。それで抱え込んでうつになるんです。ではそうならないようにどうするかというと、愚痴《ぐち》をこぼせる職場環境をつくるということです。例えば、50代の主任の教員が、「もう嫌になっちゃったよ。今日3人も反抗して授業を途中で抜け出してしまうし、何年やっても駄目だなあ」って嘆いたら、後輩の教員が、「先生、そんなことないですよ。女子中学生の指導、抜群じゃないですか。僕なんかかなわないですよ」っていうようにお互いの愚痴がこぼしあえて、お互いに励まし合ってサポートしあえるような、そんな職場だったらうつにはならないです。

若者からの質問

偏差値や学歴という今の日本の学校教育での価値観・評価は、グローバル化された国際社会では、もはや通用しません。その隙間を修復するために、私たちは何ができるかをご一緒に考えましょう。

将来なりたい仕事が見つけられない

Q **将来のことを聞かれても、自分自身「何になりたいのか」よくわかりません。どのように自分自信を導けばよいのかを教えてください。**

A そうやって悩むのはあなただけではないということを、まず言いたいです。更に言えば、インターンシップというか、労働体験、職業体験をやって社会との接点を持ってみることをおすすめします。そして、そこから関心を探していくということです。すると、「自分はこの仕事に向いているな」という適性が見えてきます。また、自分史を書くこともおすすめします。自分史を書いてみると、「何の職業に就けばいいか」というよりも、「弱い子を助けたい」とか、「正義を貫きたい」とか、あるいは「人と仲良くいつも語り合うのが好きなタイプだ」とか自分のこだわってきたところが見えてきます。そういう適性やタイプ、性向が見えてくると、会社というブランドではなく、職種でも進路選択ができるようになります。

自分史といっても上手に作文しようっていうのではなくて、箇条書きでもいいからいろんな自分の衝撃的な場面、強烈に思い出に残っている場面などを振り返ってメモをとることでかまいません。すると自分の輪郭が見えてきます。そして、「この輪郭を生かせる職種やポジションは何だろう」と考える。そうしたら大雑把に営業職が向いているかなとか、研究職が向いているとかがきっとみえてきます。

学校で何を学べばいいのか？

Q——今、学校で勉強していることが、将来、社会でそのまま役に立つのか素直に受け入れることができません。そう考えると、今やっていることが虚しくなって勉強に身が入りません。どう考えればよいでしょうか？

A 一度こういった考えに陥ってしまうと、そこからなかなか独力で這《は》い上がれないですよね。今の学校教育では、偏差値とか学歴といった価値観・評価基準一本になっています。でも、社会に目を向けると、グローバル化の中で学校での学力評価など通用しないこともわかるわけです。ですから、今の学校教育の制度では、こういった疑問が出てくるのはちっとも不思議じゃなくて、本当は全員が思っていいわけです。

ただ、学校教育で学ぶことは、社会でそのまま役に立つと実感できないからといって、それが即、不要であるとはいえないことも事実です。例えば数学や文学、哲学など「教養」と呼ばれるような領域の学問は、英会話やパソコンスキルといったいわゆる〝実学〟とは異なり、学んですぐ社会に役に立つと実感できるものではないでしょうが、長い目で見て、人間としてより豊かに暮らし成長していくためには、学校教育段階においてぜひ身につけたいものです。ただし、その教える内容や教え方が適切かどうかは精査していく必要がありますね。そういった意味からも、このような疑問を持ち続けることは大切だと思いますよ。

自分の学力に自信がもてない

Q ―― 19才、大学1年生です。ゆとり教育の1期生と呼ばれ、どこへいっても「学力がない」と言われているように感じます。何を克服していけばよいのでしょうか？

A　この「学力がない」と言われる学力そのものの学力観が古いから、あまり気にしなくていいと思います。一般に言われている「学力」は、認知主義的な暗記する学力が中心であって、パソコンで検索すればすぐに出てくるようなものばかりで、それであれば、むしろパソコンを駆使して探し出す力をつけていけばいいと思います。

例えば、京都大学入試のケータイカンニングにしても、もちろんカンニングは評価できる行為ではありませんが、反面、新しい時代の力量だと言うこともできます。古い世代の言うことにいちいち惑わされる必要はなくて、新しいスキルを持っているんだというところ、あるいは暗記させられるというよりも自由に伸び伸びとできた、そこの良さもあるはずです。ですから自信を持とうということですね。

教師に求められる能力とは？

Q――教師を志望しています。どういった能力を磨けば、教員としてやっていけるのでしょうか？　また、そのような能力を、大学生活で身につけるにはどうしたらよいですか？

A　最も大切な事は、「子どもが本当に好きでないと教師は務まりません」ということです。どんなに学力が高くて、講義するのが上手だとしても、子どもが好きでなかったら教師は長続きできません。「子どもが好き」、あるいはもうちょっと広げて、「人間が好き」ということが教師の適性で肝心です。それから、夢とかロマンとかを掲げるのが好きなタイプであるかどうかも大事ですね。ニヒリストでは教師は務まりません。いじめがおきた時に、「いじめは常にあるものだ」なんて言われたら話にならないわけです。

そういった能力や資質を磨くためには、まず、子どもとの接点を大事にして欲しいです。学習サポーターのボランティア、あるいは学習支援ボランティアとかがおすすめです。あるいは塾の講師、ＮＰＯ団体やフリースクールの支援をしてみるといった方法もあります。

「よい教師」とは？

Q――尾木先生の考える「よい教師」とは、どのような教師でしょうか？　また、その実現のためには何から身につけていけばよいのでしょうか？

A いかに子どもと一緒に歩めるか、子ども目線にたてるかということですね。このことが教師を目指すものとして一番大事だと思います。例えば、「先生、どうして勉強なんかするんだよ」なんて聞かれる。上手に答えられないかもしれないけども「いやあ、よい質問だよな。一緒に先生も考えてみるよ」と、共に歩める教師ですね。

あるいは部活動の指導でも、僕の知っている陸上部の顧問をしているある先生は、とてもユニークな指導をしています。その先生の教え方というのは、例えば区大会に行ったら毎年上位の大会に選手を送り出すような学校を指して「あの先生の教え方や生徒の走り方を見て、それを真似してみな」と生徒に言うんです。自分は何もできないんですが、生徒が真似をしているとすごい高記録が出る。それで区大会で優勝し、次の東京大会でも代表に選ばれ関東地区大会でも代表になり、結局全国大会まで行きました。これは、自分でできることと、指導力があるということとは、必ずしも一致しないということのたとえです。でも、それがすごく重要。学び方、習得の仕方をサポートできるのが実は、「よい教師」なのです。

企業が学生に求めているもの

Q ——今の世の中で、企業が求めている学生の資質について教えてください。就職難で厳しいなかで、どうすれば良いのか深刻に悩んでいます。

A これは深刻ですね。いろいろなアンケート調査の結果を見ても今、企業が求めているのはコミュニケーション能力のある人材です。なぜかというと、社会のグローバル化の中で企業では個人の力で開発していく領域は少なくなり、ほとんどがプロジェクト、共同作業、共同研究です。最近では、小惑星探査「はやぶさ」が、目標の小惑星「イトカワ」に到着し、科学観測を実施しました。その結果は、日本ではじめて科学誌「サイエンス」に特集され重力や表面の様子など、小惑星についての数多くの新たな知見が明らかになりました。この「はやぶさ」の成果もプロジェクトです。自分が何に突出しているかということよりも、協力、協同しながら知恵を出し合って、新しい発見、創造的な提案、よい商品の開発をしてゆくのです。企業はその力を求めています。そこが劣っているから今は留学生がどんどん採用されるようになってしまっているわけです。日本の学生は、暗記物には強いですが、「これについてどうすればいいか考えなさい」と言われたら、何もできなくなってしまうのです。

大学入試をしなくて済む選抜方法は？

Q **教育制度を一新することが急務だと思いますが、大学入試システムはどのように改革すればいいのでしょうか？**

A 大学入試システムについては、入試をしなくても済む選抜方法にしたいですね。これには学習評価基準を変えることも必要です。小学校、中学校の義務教育における進級・卒業は履修主義を基本としています。履修主義は、出席日数に不足がなければ成績にかかわらず進級・卒業を認めるという考え方です。高等学校でも、一定の単位数を修得することが卒業要件にはなっていますが、必修科目については履修主義がとられています。つまり、英語、国語、数学という必修科目を修得していなくても、履修していれば他の科目を修得して最低卒業要件を満たしていれば卒業できることになっています。

習得主義は、教育の目標に照らして一定の成績を修めていることを条件として進級・卒業を認める考え方で、この習得主義の学習評価に切り替えることができれば、入試制度の必要性がなくなります。これには一定の年月がかかると思いますが、せめて12年計画ぐらいで教育制度の改革をするべきだと思います。残念ながら今の中学生、高校生はすぐにその恩恵を授かることはできませんが、生徒も先生も視野が広がり、なるほど、そういう学力が今、国際社会では必要なんだと意識も変わりますから、すぐに効果が出るといえるでしょう。

高校入試はほんとうに必要か？

Q——こんなに少子化が進んでいるのに、また、高校進学率が上がっているのに、なぜ未だに高校受験があるのか？　高校入試は必要でしょうか？

A 僕は、高校入試の廃止に賛成です。でも、それを「進学率が97％になっているから」という理論では廃止できません。そうではなくて、「思春期の6年間で、どう成長させるか、途中で分断するのはもったいな」という発想で推し進めなければ駄目です。「皆が行くようになったから全入でいいんだ」とか、「大学進学率も上がってきたからどの子を入れてもいいじゃないか」ではないんです。

僕は、中等教育も前期（中学3年間）と後期（高校3年間）がしっかり保障されて、一体になって進んで行った時に、どの子にも力がついてくると思います。中高一貫教育では、中学1年生が高校3年生を見て育つ、高校3年生は中学1年生の面倒を見てまた自分が育つということがよくあります。中学2年生あたりが非行に走りそうになったら、中学3年生のそういう経験を突き抜けて来た子が「気持ちは分かるけど何も得しないぞ、そんなことで突っ張ってるんじゃなくて生徒会長なんかやってみろよ」とアドバイスをしたら、生活指導の先生が放課後に呼び出して説教するよりはるかに説得力があるでしょうね。

大学は就職の手段ではない

Q——就職活動のために、大学1・2年生のうちからやっておいたほうがいいことがありますか？

A こういう質問が結局出てきてしまうわけですよね。就職活動のために大学があるわけじゃないんです。エントリーシートの記入は1年からやっておこうとかね…。大学を就職の手段ぐらいにしか考えていない学生は、就職で満足な結果は得られないと思います。企業の採用担当者はそれを見抜く目をしっかり持っています。

そういう学生に限って途中までは結構順調に進みますが、最終面接で落ちます。就職はそんなに甘いものではありません。相手に合わせせようと、そういうことのためにこういうスキルを身に付けようなんていうのは、高校までの価値観と同じじゃないですか。何を獲得するために大学に入ったのか、改めて見つめ直してほしいですね。

父母からの質問

日本の教育をより良くするために、すべての子どもたちにとって幸せな社会をつくるために目的や理念を親子で共有していく。そのためにできることを、ご一緒に考えていきませんか？

教育格差の現状と、今後の課題

Q

――家庭の経済力について、進学や教育格差がひどくなってくると思いますが、特に、今の日本は震災で被災にあった子どもたちもいますし、教育格差の現状と、今後の課題をお聞かせください。

A

経済格差が教育格差を生むということは、社会として絶対に避けなければいけません。これでは優秀な子や、能力を持っている子が埋もれてしまうわけですから、社会的な損失です。国も発展しないし個人の幸せも保証できません。

本来は、能力もありやる気があれば子どもはどこまでも伸びていくことが期待できます。そのために、国家的・行政的な支援、あるいは企業からのカンパだとか奨学金だとか、いろんな支援の輪があるという社会にしなければいけないと思います。返済なしの給付型の奨学金の制度を持っていない国家は世界で四カ国しかありません。日本はそのうちの一つです。

アメリカだったらオバマ大統領のミッシェル夫人みたいに、貧民街で生まれても努力と能力さえあればあそこまで伸びていける、弁護士にもなれる、というところが大事なんだと思います。希望がある社会なら、みんなが意欲も湧くわけです。

“英語ごっこ”にすぎない小学校の英語教育

Q **小学校での英語教育が始まりましたが、日本の英語教育の現状と問題点、あるいは、国語力が先か、早期に英語力をつけるべきか、先生のお考えを教えてください。**

A これは非常に議論が分かれるところですね。国語力が先か英語力が先かで言えば、原理原則から言えば国語力が先に決まっています。だからと言って英語に力を入れなくていいという理由にはなりません。ですから同じ土俵で議論する内容ではありませんね。

国語力をしっかり鍛えていこうということはどこの国だってそうです。だって、外国語がどれだけペラペラ喋《しゃべ》れたって、国語力が弱かったら論理的に物事を考えることができませんから行き詰まりますし、英語が喋れなくたって、国語力でしっかりと物を考えて、何を聞きたいかっていう問題意識をいっぱいもっていれば、海外視察に行ってもきちっと成果を持って帰ってこれるわけです。

問題意識がなければ、どれだけ英語がペラペラとネイティブと同等に喋れたって何も伝わりません。これまでの日本の教育が世界レベルから遅れてきた理由は、ここにあります。国

語力は大事です。
もう一つの質問ですが、今のままの日本の英語教育でしたら１００％失敗します。なぜかというと、今、小学校では英語の免許を持っている教師が5％未満しかいないんですよ。残り95％の教師を含めて、子どもたちに英語を教えなさいと言っているわけですよ。
かつて韓国もそれをやろうとして失敗したんです。そして今、その経験から、英語をしっかり教えられる教師を養成して、特別に資格検査もやって、英語専門の教師が週3時間、小学校3年、4年、5年、6年を教えているんです。同時に、英語を母国語としているネイティブの教師も入って、１コマを二人で教えています。
日本の今の英語教育は、Japanese-Englishよりもっとレベルの低い、免許を持っていない教師が熱意と子どもたちの誠実さだけでもっているという感じですね。これでは必ず破綻します。今、震災や原発問題で多くのネイティブの教師が帰国してしまいました。とにかくどの国の人でも英語が喋れるのならいいやっていうくらいで採用しているわけですから成功するわけがない。〝英語ごっこ〟になってしまっていますね。

もっと日本の、そして、世界の現状を知る

Q——大学を卒業しても就職が大変な時代ですが、親として何に気をつけていればよいのでしょうか？

A これだけ世の中がグローバル化しているなかで、当然企業の採用基準も社会のニー

ズに合わせて変化しています。つまり就職戦線もグローバル化が標準化していて、頑張るとか、一生懸命やるとかといった精神論だけでは、企業も社会も評価してくれません。そのことをまず冷静に受け止めることが大切で、子どもと一緒に頑張っても解決できません。椅子取りゲームで言えば、むしろ留学生にどんどん椅子を奪われている、東大生も阪大生も苦しんでいるというのが現状です。

これをどう打開するかというと、「お母さんもわからないから一緒に考えよう」っていう姿勢でいいと思います。子どもの悩み、心配に具体的な解決策を教えてあげられないかも知れませんが、「話を聞いて、一緒に考えることはできるよ」ということです。

それを頭ごなしに注意したって、「お袋、何も知らないくせに！」となるだけです。まずは、日本の、世界におかれた現状を知りましょう。その手引き書として、リヒテルズさんとの共著『いま「開国」の時、ニッポンの教育』（ほんの木刊）をぜひ読んでみてください。

子どもの自発的なやる気を引き起こす

Q ——尾木先生がすすめている、「叱らずほめて子育てをする」ことについてのポイントを教えてください。

A 叱ろうかなと思った場面で、子どもの、そういう行為をしている背景や気持ちをキャッチしようとすることが大事です。その時の言葉は、「どうしたの?」という魔法の言葉です。それも、叱ろうという感情はちょっと横へ置いておいて、本当に素朴に「どうしたんだろう?」という感情を持つということが大切ですね。

「どうしたの?」って本当にスッと楽な気持ちで聞いた時に、子どもは、どんなにひどい場面であっても、弁解したり理由を言ってくれる。その理由の中には、「なるほどなあ、そりゃあ本人は辛かっただろうな」と大人も感じる場面が必ずありますから、その時に、「それは大変だったね」とか「辛かったね」と共感のあいづちをうてるかということです。共感すると、そこで心理学でいうエンパワーメントが起こるのです。エンパワーメントとは、本来持っている能力を引き出し、社会的な権限を与えるという意味です。もっとわかりやすく言うと、子どもの自発的なやる気を引き起こすことです。

そして、「いやぁ母ちゃん、俺もっとしっかりしなきゃ駄目だと思うよ。頑張っちゃうよ」って子どもも言ったりして、そこで感動して、叱ろうと思っていた場面なのに、むしろ誉めてしまえる。自分の子に嬉しくて涙を流せる――そんな心の交流ができますよ。

自分の生活空間に子どもを巻き込む

Q――共働きの世帯や、母子家庭、仕事が多忙などで、なかなか子どもに接してあげられない家族が増えています。時間がない中での子どもとの接し方について教えてください。

A これはね、時間の長短ではなくて質の問題です。例えば、「お母さんが洗い物終わっちゃって9時15分くらいになると手があくと思うから、それからちょっと話を聞いてあげるからね」じゃないんです。

そのお母さんの生活空間、家事労働の空間に子どもも一緒に呼び寄せてしまって、お母さんと一緒にお皿を洗いながら、「どうだったの、学校では」というように、自分の生活空間に子どもを巻き込んでしまうのです。家事労働を一緒にやりながら、「ちょっとお母さんこれからお風呂洗うから、一緒に洗おうね」って言って、子どもとタタッてお風呂場に行って、二人で一緒に洗ったらあっという間にできちゃいますよ。洗濯物をたたむのも一緒にやろうって、たたみながら会話をすればいいし、アイロンかけながらお話しすればいいんですよね。「そっち引っ張ってよ」とか言って、お布団のシーツを換えたりとかね。

つまり、子どもと一緒にいる時間と空間を多くすることです。お母さんは常に忙しく働いていますから、そこに子どもを巻き込んで一緒に家事に参加させていく。そしてその度に、子どもの成長とか、子どもの素晴らしさをいっぱい見ることができるし、「わー助かったわ、ありがとう。こんなにピーンとたためたよ」と感謝の言葉や子どもを誉めることだってできて、そうすると子どもは嬉しい気持ちになります。しかも同時に生活のスキルを伝えていくこともできるわけですよ。そうやって解決していくと思います。

フィンランドの学力構造論から学ぶ

Q ――尾木先生は講演会で、洞察力の大切さを言われてますが、どうすれば子どもに洞察力が身に付くのか、親ができること教えてください。

A 洞察力とは、鵜呑《うの》みで暗記する力ではなくて、何に対しても疑問を持てる、どうしてなんだろうと思うことです。

フィンランド語で「なぜ（why?）」は、「ミクシィ（Miksi?）」といいます。フィンランドの小学校では、先生も生徒も、この「ミクシィ」をよく使います。「5たす5は10」で終わりではなくて、「じゃあ、どうしてなんだろう」って疑問を抱く中で、思考力がグングン育ってくるわけです。

洞察力が育つ学力の構造論があります。その一つは発想力です。自由に発想できることです。それと、批判的思考力が大切になります。これは単に思考のためのトレーニングじゃないんです。

生きるということにつながって社会の人を幸せにしたり、例えば、原発問題はどう解決すればよいかという具合に、批判的に問題解決を導く力のことです。それから論議力です。洞察力は、発想力、批判的思考力、論議力という三つの力が基礎になって、さらに、グローバルコミュニケーション力と表現力という後の二つの力が加わった五つの力で構成されているんです。

これを習得できた時に極めて豊かな洞察力が付いていくというのが、フィンランドの学力の構造論です。この考え方は僕も正しいと思います。実際、成果も出ていて、フィンランドの子どもたちの学力は2000年からずっと上位です。

これに比べて日本は、発想力なんて問うてないんですよね。思考力とは言ってますけど、その頭に「批判的」はつかないんです。思考のトレーニングだけしようって言うから、脳トレなんかを教育に導入しようとするわけです。それから論理力。この論理力はこの2011年3月までは日本は重視していました。ですが、4月からそれをはずしました。構造論的に言うと論理力がやはり核なんですよ、それをはずしたんです。これは問題だと思います。

思春期の独特の理論展開を理解する

Q 中学生ぐらいの思春期の子どもとの接し方について、何に気を付けたらよいでしょうか?

A まずは、親が子どもに深入りしないっていうことです。

「こんな赤いカバンなんかお母さん嫌いだよ。何で買ってきたの。返してきなさい」って注意しても、

「だってみんな持ってる」と返事がかえり、

「みんなって誰」

「田中君と山本君だよ」

「それがみんなかい」

とか変な世界で議論になるわけです。思春期って独特の論理展開をしますから、大人は負けるんです。土俵が違うんですよ。教師だって負けますから、親だったら負けるにきまっています。

だから「お母さん、そんなの嫌い。返してきなさい」ってパーンと言って、それ以上議論をせずに、料理をする、洗濯物をたたむだとかすぐ自分の世界に入っていっちゃう、深追いしないことが重要です。子どもに何でって言われても知らん顔して、

「嫌いなものは嫌い」

「わがままだな」

「今ごろ気がついたの」

これでいいんですよ。

だからズバッて言いたい事言って、スパッと引く。引き際をすばやくすることですね。１秒でも早く引く。そうすると子どもはやっぱりおかしいかなと思いながらジャブを出しているわけですから、

「やっぱり母ちゃんの言ってる通りだよな」と思って自分の部屋へ行って、「明日になったら、お店に返しに行こう」ぐらい思っているんですよ。中高の教育の現場に22年間もいた僕が言うんだから間違いないです。

　ですがまたそれをウジウジ解説する教師がいるんですよ、特に人のいい教師の中にね。そうすると深入りして全部子どもの論理に負けていくのね。そのうちに何か口論になってきたりして、教師のほうが、

「うるせぇんだよ、テメェ」とか言うと、

「今の言葉遣いなんですか、先生らしくないじゃないですか」とか言われると「ゴメン」とか言って、立場が逆転してしまうんですね。

　そんな時は、「嫌いだよ」とか言ってあとは知らん顔して、採点したりしていると、今度は生徒の方から、

「先生、ひどいよ」と言ってくるので、

「今頃気がついた」

こんな調子でいいんです。本人はわかっているんですよ、わかってて言ってるんですから。それを確かめてくるんですよ、思春期には。

疑問や不満は、その場で解決しよう

Q——尾木先生は、いつも心を平静に保っていらっしゃるようにお見受けします。嫌なことやストレスになることが生じた時、どのように気持ちを切り替えていらっしゃるのですか？

A よく同じような質問を受けますが、僕自身はいつも物事に、正面からストレートに対応しています。嫌なことや納得がいかなかったことに対しては、その場ですぐに、「これ変じゃありませんか？」、「何か間違っていませんか？」と聞きます。おかしいものはおかしいと。

もし、僕が誤解していたり、正しく認識していなかったりすれば、「いや先生、そうじゃないですよ。それはこうこうだから」、「あ、なるほど」といっぺんに解決します。でも、これって相手との信頼があるからできるんだと思います。

「あれっ」て思った事は、その場で言ってしまえばいいんです。わからないとか、困ったとか、引っかかった事は全部口に出して確かめればいいんです。

親子関係だったら、「どうしたの」なんですけど、相手によっては、「どうしたんですか」って言ってもいいわけです。頭にきてる時は、「おかしいじゃないですか」って言えばいいんですよ。

テレビや講演会で話すこと

Q——尾木先生はいつもゆるぎない教育論を自分の言葉でお話されています。テレビや講演会の前はお話される事を事前に考えたり、準備したりしておられるのですか？

A テレビ出演の時はどんな番組か、視聴者が求めているものは何か、講演会では演題やお客さんが何を聞きに来られているかを、まず確認します。「子どもをできるだけ叱らないように、子ども目線に立てること主張しよう」とか、あるいは主催者の方に聞いて、「来場者の悩みは子育ての悩みですよ」などとわかれば、そこに焦点をあてようなどと作戦を立てます。

講演会は、主催される側と一緒につくると考えているので直前に情報を得る事もします。事前に主催者が配布した案内チラシなんかも欲しいし、学校案内があったら全部送ってくれってお願いしています。そこのところが滞《とどこお》ると、何にも見えないなかで話をする事になります。決まった出し物ならやれますが、講演会は出し物じゃないんですよ。皆さんと一緒に場をつくる、これを一番に心がけています。

話の内容については、ほとんど準備をしていません。準備をしたらその事を言う事に意識を囚《とら》われてしまいます。例えば、前のほう5人くらいの方が、「あれっ」て首を傾けていたら「何か反応がおかしいな」とわかるわけです。

講演は講義ではありません。講義ならレジュメ作ってそれに則《のっと》って話せばいいかもしれません。でも講演っていうのはやはり演じていくわけで、ある意味ではパフォーマンス性が求められています。

「あそこで皆がうなずいた」とか、「ここでどっと笑いがおきた」とか、あるいは拍手がおきたりしたりしますよね。そういった反応から、そういうことを求めているんだというのが分かります。

そしたらそこでもうちょっと話を繋《つな》ごうということになります。リアクションが鈍くて、「なんだよ、そんなこと言って」というような表情や空気を感じたら、次の話へすぐ移っちゃいます。

皆さんの反応とか、何が知りたいのかとか、何に困っているのかが、分かれば分かるほど一緒に共同して作っていけるんです。そのためには、舞台の下へ降りていって声を拾っていって参加感をキャッチしたりもします。参加者の年齢層や地域性、あるいは時期によっても、そこでつかめるものは、もう全然違います。

日本の教育をもっとよくする、それだけです

Q――尾木先生の日常のスケジュールは、すごく大変だと聞いています。そこまでして働く理由は、また何か使命がおありなのですか?

A 今でこそ言えるのですが、日本の教育がここまで歪《ゆが》んでしまったという事に、本当に危機感を覚えます。この事に自分なりに提案しようと、現場の教師を退職して教育評論家の仕事を16、17年やってきましたが、僕の主張はなかなか社会が受け入れてくれませんでした。それが今、〝尾木ママ〟と呼ばれるようになって、皆さんに受け入れてもらえる土壌が

できました。だから、人一倍、多くの方に伝えて行かねばならないという使命感は、明確に自覚しています。

それから苦しんでる子、不登校の子にしても、ひきこもりの子にしても、あるいはうつを抱えている子やいろんな社会的弱者といわれているような子どもたちは、皆、本当に良い子ばかりなんです。子どもたちの苦しんでいる声が聞こえてしまう、子どもたちの悩みに気づいてしまうんです。今、日本が抱えている福島第一原発の問題にしたって、「福島で原発の放射能が感染するっていじめにあっている子が一人でもいる」ということを聞いたら、じっとしていられないんです。

この間あるテレビ番組で、大学教授でカウンセラーの方と一緒に出演して、宮城県の南三陸町や山元町で震災に遭ったトラウマを抱えてる子がいるという話になった時、「尾木先生、そんなに心配することないですよ。災害のトラウマっていうのは発生率は20％から40％ですから」って言うんですよ。

僕もうびっくりしてね、「先生、一人いても駄目ですよ。僕の臨床教育学からいったら、一人でも苦しんでいたらほっとけないんです。」って言ったのね。驚きました。2割から4割なのでそんなに大騒ぎすることないですよと。「へぇ、数値で語るのか」ってびっくりしました。

それからある大学の原子力の専門家の方と対談をやっていたら、「いやそれ言っちゃうと東京がパニックなりますからね」って。えー、うそって。「パニックになっても正しい情報、先生伝えなきゃいけないんじゃないですか」、「でも政府は対応出来ないですよ、そんなこと言っちゃったら」、「でも、出来ないかもわかんないけど、そのためにどういう知恵を出すかっていうのは、叡《えい》智《ち》を集めて今、東京だけでなく、すべての子どもたちを守んなきゃいけないでしょ」って言ったら、なるほどとか言い始めるんですよ。それは僕の姿勢じゃないですねって率直に言いました。

二人とも少し視線が変わりました。今回の福島第一原発の1号機から3号機までメルトダウンにしたって、震災直後に分かっていたはずのことが、2カ月後ぐらいになって、ようやく公表されたのですから。それを、「人体に直ちに被害はない」だとか、「正確な情報がまだ入ってこない」だとか、本質について答えないのです。

放射線被曝にしても、大人と子どもが同じ20ミリシーベルトじゃ駄目ですよ。そのくらい専門家でなくたって察しがつきます。子どもは4年後に発症するとも言われているわけです。原子力事故はあちこちで起きているわけではなくてケースが少ないから、人体実験になってしまっているわけですよね。特に子どもたち。そういうことを思ったらやはり一生懸命になっちゃいます。それだけなんですよ。

尾木ママの部屋

皆さんこんにちは、今、尾木直樹というよりも、尾木ママと親しまれています。本当は教育評論家で法政大学教授で早稲田大学の客員教授です。でも、そういう本職を感じさせないのが僕の特技です♡

色々なバラエティー番組に出演して、本業がおろそかになっていると思われているフシもありますが、大丈夫♡この「未来への教育」シリーズでもしっかり発信していきますからね♡

1 初めてのバラエティ番組出演

僕は今、バラエティ番組では「尾木ママ」と呼ばれていますが、「ホンマでっか!?TV」という明石家さんまさんのテレビ番組に出演したのがきっかけです。確か2009年12月の「さんま・福澤のホンマでっか!?ニュース」という番組に呼ばれたのが最初です。5時間の特別番組で、芸能界とか教育界とかいろいろな分野の未来を予言するというコーナーがあって、僕は教育の専門家として出演しました。

実は、バラエティー番組に出るのはこのときが初体験だったので、夕食を食べながらワクワクして喜んで女房と娘に言ったら、いきなり女房から「あなた、それって大変な番組よ。人がしゃべっているあいだにタイミングよく〝ち〜ん〟が押せなかったら、番組中ただ座っているだけよ。お父さんに〝ち〜ん〟押すことできるの?」って言われたんです。僕は「いや、話を聞くほうが得意なんだけどね」と答えたら、「それじゃダメ」って言われて、それから猛特訓。番組の録画を見せられ、娘がお茶碗を持ってきて、おはしでチ〜ンとやって、「はい、お父さん、このタイミングよ!」って、学習したんですよ(笑)。

2「尾木ママ」と呼ばれて

それでね、特訓の成果があって本番ではどんどん話に割って入れちゃったの。調子にのって、どんどんしゃべっていたら、さんまさんも僕のことをおもしろい人だと思ってくれて、途中から「ママ〜」とか言ってふざけるんです。もちろん収録中はまじめなやりとりもしていたのですが、実際にはそこは全部カット、そして、「ママ〜」とか言ってふざけていた部分だけが放映されたんです。

僕がそれまで出演してきた堅い番組とは全く逆で、そういう柔《やわ》らかいところは全部カット。バラエティ番組って、ミスったり間違えたりしたところをオンエアするんですね。知らなかったのよ。そして、その日を境に、さんまさんが「ママ〜」ってふざけて言ったのが、一気に浸透したのです。

僕がしゃべると後ろにハートマークがつくでしょ。ハートマークついたら、それまでの僕のことを知らない人、初めての人はおネエキャラだと思っちゃいますよね。もうね、すごいのよ♡あっ、こうやって、すぐハートマークになるんです（笑）。

3 テレビの力を実感

今、テレビの力をひしひしと感じています。「教育評論家・法政大教授の尾木直樹」と「尾木ママ」では、浸透度がまったく違います。本当は同じことを言っているのにね。

まじめでお堅い教育番組でひとつのテーマで1時間ぐらい話をするよりも、さんまさんとふざけながらほんの30秒おしゃべりするほうが、ずっと伝わる力があるということを実感しています。これまでは、一生懸命伝えようとしても、なかなか広がりが見られずに一部の層にしか届いていなかったんです。でも今は、子どもからおじいちゃん、おばあちゃんまでいろんな方が僕の言うことに耳を傾けてくれるんです。今までの努力は何だったのかとは言いませんけれども、びっくりですよね。テレビを見ている時ってリラックスして、笑いながら見ているでしょ。そのほうが、かえってスッーと心に入っちゃうみたいです♡

4 お洒落のこと

僕は、よくテレビに出演するようになってからお洒落が大好きになって、ブローチをつけるという趣味がひとつ増えました。きっと皆さんも、僕がブローチを頻繁《ひんぱん》につけかえているということは、ご存知だと思います。ブローチひとつ選んで付けるのにも、そこにはファンタジーがあって、とっても気分が上がるんです。

また、テレビを見たファンの方や、テレビ局のメイクさんやディレクターさん

が、ブローチをプレゼントしてくれたこともあります。なかには、手作りブローチをプレゼントしてくださった方もいました。もう感激です。こうやって、ファンの皆さんやテレビ局のスタッフに支えられているんだなと実感して、感謝の気持ちでいっぱいになりました。

5 講演会もバラエティーに

「尾木ママ」と呼ばれるようになってから、突然、いろいろなところから講演の依頼が来るようになりました。そして講演会のテーマも、参加者もだいぶ変わってきました。今までは、中学校や高校等の学校からとか、教職員の大会とか、私学連合会とかといった学校や教育関係の団体などから呼ばれることが多かったのです。講演のテーマも教育に関することが中心でした。

でも最近では、住宅展示場のトークショーの依頼もありました。保育園や幼稚園からの依頼なら、子育てに悩んでいるママに僕流の叱らない子育て論をお話をすればいいのかなと予測できます。が、なぜ住宅展示場から依頼が来るかというとですね、家を建てる世代って子育て世代が多いんです。ですから、「尾木ママ」に、子どもが幸せに育つ家づくりの奥義を話してもらえば、人もたくさん集まるという期待があるからなんですね。

それどころかもっと驚いたのは、ホテルのランチショーやディナーショーの依頼です。講演会もバラエティー型になってきていますね。

6 講演会でもう一つの異変が…

それから、講演会でもう一つ今までと全然違ったことが起きています。特に「尾木ママ」ファンを対象にした講演で、観客が１０００人いても教育評論家時代の僕を知っている人といったら、20人もいないのです。１０００人中20人といったら、たったの５％ですよ。そのうえ、僕のことを本当のおネエだと思っている人がとても多いんです。いまでも教育評論家で、法政大学のキャリアデザイン学部の教授で、早稲田大学の客員教授の尾木直樹なのですけれどもね（笑）。

また、参加者のママたちが期待していることは、僕とのツーショットの写メなんです。講演後に書籍の販売をしているその横でサイン会をすることがよくあるのですけど、購入した本を忘れても写メは忘れないというほどです。

7 僕がサインで書く言葉

何百人という大きな会場ですと長〜い行列ができて、もうたいへん。次の移動の時間が迫っているときなど、途中で切り上げなければならない時もあるので、たいへん申し訳なく思っています。読者の方に、サインできなかった方がいらっしゃったら本当にゴメンナサイね♡

書籍を購入してくれた方へのサインには僕はよく、「ありのままに今を輝く」と書きます。よく、1年後、2年後のために今を我慢して頑張るということをしている人を見受けますが、無理したらだめです。ストレスがたまりますよ。それよりも、今を輝けば、明日も輝くし、3年後も5年後も10年後もきっと輝くと思って過ごしていた方がすてきだと僕は思うんです。みなさんにも、ありのままに今を輝いて、一日一日を大切に、きらきらとした毎日を送ってもらいたいですね。

8 日本をもっとよい国にするために

教育評論家という肩書きであったとしても、日本の教育のレベルを世界レベルに持って行きたいと思っていたとしても、僕の場合、今は、視聴者の方と楽しめばいいんだって、バラエティー番組に出るようになってから分かるようになりました。少なくても今の僕の置かれている立場はそうだと思います。

ニュース番組だと、自分の言いたいことをどう伝えるかが中心で、一方通行で、どうしても上から目線になってしまいがちです。そうではなくって、僕が昔から好きだった〝ガールズトーク〟、〝肩肘張らないおしゃべり〟のノリから生まれる面白さ、もらえるパワーというものは本当に特別なものです。

僕この頃、平気でテレビでもそうやって言っているのよ。でもママキャラになっているから、きつい事を言っていてもみんな放送されちゃうの♡おかしいでしょう。文部科学省の役人さんが聞いたら顔がひきつりそうな教育改革論ばかり。聞く人が聞いたら言っている中身はけっこうきついのよ。バラエティー番組であっても、ノリは軽くても、真実を伝えています。

「みんなで一緒に楽しんでやっていけばいい」その姿勢に気づいていなかったら、尾木ママになる前の僕の思いは、社会に届ききっていなかったように思います。だからいま、皆さんとおしゃべりをするように一緒に話し合い、意見を出し合っていければ、「日本はもっとよい国になる」、「子どもたちの幸せ感も今よりずっと高まる」と僕は思っています。

INSIGHT

子どもたちを取り巻くいま、未来がわかる

尾木直樹の

“教育@インサイト”

このコーナーでは、子どもたちを取り巻く教育関連ニュースを紹介いたします。また、震災後を生きる子どもたちの情報も特集いたしました。一つひとつの記事には、尾木先生のコメントをいただきました。中にはちょっぴり辛口のコメントもありますが、そこには日本の教育の今がわかり、未来をよりよく変えるヒントが凝縮されています。

※インサイト…洞察、見識という意味。つまり、モノゴトの本質を深く見抜く、対象から何か有用な発見を得るということです。

活用力測るPISA《学習到達度》（ピザ）調査で 日本の子どもは学習への「意欲」不足

OECDは、各国15歳の生徒を対象に知識や技能を日常生活でどう活用し、考えているかを国際比較するPISA調査を実施している。最近の2009年の調査では上海がトップに躍り出、世界を驚かせた。日本は読解力8位、数学9位、科学5位。

PISAを統括するOECD事務総長のアンドレア・シュライヒャー氏は、教育に投資すればその国は長い目で見れば、投資を上回る利益を受けると強調する。日本の課題については「一人ひとりの生徒が学びへのモティベーションを上げること」と語った。（2011年6月）

尾木コメント

教育は未来への投資、日本の教育政策はおかしいとOECDから指摘されていますが、残念ながら今の日本は、メディアにも国民にも、この声を受け止める受け皿がまったくありません。解決には、一刻も早い器の整備が必要だと僕は思います。

OECD：経済協力開発機構。第二次大戦後、米国の「マーシャルプラン」を契機として1948年、欧州16カ国でOEEC（欧州経済協力機構）が発足。その後1961年9月、米国及びカナダが加わり新たにOECD（経済協力開発機構）が発足。日本は1964年に加盟、2011年8月現在34カ国。
PISA：OECDによる国際的な生徒の学習到達度調査。生徒の学習到達度調査（Programme for International Student Assessment）の頭字語からPISA（ピザ）と呼ばれる。義務教育の終了段階にある15歳の生徒を対象に読解力、数学的リテラシー、科学的リテラシー、問題解決能力を調査。国際比較により教育方法を改善し標準化する観点から研究することを目的としている。

日本、デジタル読解力4位 授業でのパソコン使用、最下位

OECDは、2009年に実施したPISA調査のうち、インターネットやメールの技能を使って問題を解く「デジタル読解力」の結果を公表した。日本は参加19カ国・地域中で4位だった。読解力が安定しており、パソコン操作に大きな問題はなかったが、成績上位層が韓国61％に対して日本は34％で、成績が中位に固まる傾向があった。また、同時に行われたアンケートでは、国語・数学・理科の授業でコンピュータを使う割合が回答した17カ国・地域中最下位の1％。他国を14～25％も下回った。（2011年6月）

尾木コメント

日本の子どもたちはデジタル読解力のスキル面では高いものを持っていると思います。でも、それを使っていける基盤や基本戦略がありません。だから匿名性を使って憂さ晴らしの手段にしか使われていなかったり、プロフとか学校裏サイトといわれるものに代表される、「裏文化」になってしまっています。「もっと堂々と、顔を出して自分の

意見を発信しよう」と、言いたいですね。また、そうしていけるようなメディア・リテラシーを育てる教育が必要ですね。

プロフ：主に携帯電話のネット上に自己紹介のページを作成できるサイトで、プロフィールの略称。顔写真の掲載も可能なほか掲示板にメッセージも書き込め、ページ作成の手軽さや友人関係を広げられる点などが受け、中高生を中心に100万人以上が利用していると言われている。陰湿ないじめに悪用される、事実と異なる内容を書き込まれる、援助交際の相手を探すために利用など、多くの問題や事件も起こっている。

学校裏サイト：特定の学校に関する情報を交換するために設置された掲示板サイト。その学校の公式ホームページなどとは異なり、在校生や関係者が開設しているものが主体。在校生、教諭や、その学校に関する噂などが匿名で書き込まれ誹謗・中傷、デマなども多く、生徒間のトラブルやネットを利用したいじめの温床にもなり社会問題化している。

留学や評価基準で、文部科学省が大学の世界展開を後押し

文部科学省は大学の国際交流支援事業を始める。初年度となる、2011年度は16億円の予算を確保。日米および日中韓の交流を対象に、大学の留学生の受入や、学生の海外派遣、海外大学と共通の成績評価システムの導入を支援する計画。新事業の名称は「大学の世界展開力強化事業」。同省のこれまでの支援対象は、英語コースを設けて留学生を受け入れるなど学内での取り組みが主体だったが、大学間の連携などへ広げ大学の国際化を後押しする。（2011年2月）

尾木コメント

世界展開しなきゃいけないなと思いついたのは高く評価できますね。けれども日本の子どもたちには、国際化の前提である本当の学力がついていないんです。そこの前提を抜きにして組織だけ世界展開できるように対応しても、日本はもっとみじめに潰れるだけです。

小学校の「外国語活動」始まるでも実態は、〝英語ごっこ〟

新学習指導要領の全面実施に伴って、小学校5、6年生の授業で週1回程度、年35時限の「外国語活動」が加わった。「教科」ではないので成績はつかない。ゲームなどを通して外国語に接し、語学を学ぶ意欲を高めることを目指す。しかし、学級担任の多くが英語指導の経験がなく、7割が指導に「自信が持てない」と答えるなど、教師の研修やALTの増員といった条件整備が課題となっている。（2011年4月）

尾木コメント

はっきり言って今の日本の英語指導は〝英語ごっこ〟ですね。新学習指導要領では国際理解教育が目的です。こう位置づけしているのは、アジアでは日本ぐらいです。本来の目的はコミュニケーションスキルをつける事だと思います。日本の英語教育は、まったく国際社会から遅れていますね。

ＡＬＴ：日本の学校における外国語授業の補助を行う助手。外国語指導助手（Assistant Language Teacher）の略。

土曜授業、公立高校で続々復活 脱ゆとりへ知恵絞る

東京都では２０１１年４月より土曜授業が復活した公立小・中学校が増えている。「ゆとり教育」への批判が高まったことを受け、新学習指導要領で増加した授業時間を確保するため。ただ、文部科学省は土曜日の授業は行事などの特別の場合のみとしており、各自治体の教育委員会は、授業内容などに知恵を絞って時間確保を目指している。（２０１１年５月）

尾木コメント

フランスでは3年も前から週4日制というように、授業時間を削っていくというのが世界の大勢です。日本は、なぜ授業時間を増やさざるを得ないのかというと、相変わらずの系統学習にこだわっているからなんです。それ自体が時代遅れになっているのに、気づかずにいる文科省、行政や教育業界にはもう「喝」ですな、これ！

４泊５日で子ども対象の自己表現体験、ゲーム・ＰＣ脱出合宿を開催

「メディア依存」の子らに生活を改めてもらおうと、ＮＰＯ法人子どもとメディア（福岡市）が８月、依存対策としては国内で初めての合宿を開く。４泊５日、完全に携帯電話もゲームも、パソコンもなしで過ごす。その代わり、思いのままに色を塗ったり、音を奏《かな》でたり、体験型のプログラムを楽しむ。「メディア依存の子はコミュニケーションがうまくない。多様な自己表現の体験を通じ、仲間とともにメディア依存から抜け出す力をつけてほしい」と、同ＮＰＯの三宅玲子常務理事は狙いを話す。（２０１１年７月）

尾木コメント

禁止だけを提唱する団体はたくさんありますが、禁止して奪っても代わりになるものが何も無かったら、ぼーっとしたり不安になったり、もっと酷い精神状態になる可能性もあるわけです。それより、「もっとこんな楽しい体験が出来るんだよ、こんなに面白いんだよ」と、メディアを越えた代替の楽しさを支援していくことが大事です。規模は小さいかもしれませんが、発想とか方向性にはすごく賛成ですね。

いじめと自殺、苦しむ心に寄り添う

いじめが発端となって、自殺に至るケースが絶えない。３月に広島で起きた小学校６年生女児の自殺未遂では、

「いじめ」に対し、表面的にしか対応できなかった学校の姿勢が問題になった。愛知県で高校2年の女生徒が自殺したケースでは両親は中学1年の時の「いじめ」が原因となったとして裁判に訴え、裁判所は初めて「いじめ後遺症」を自殺の原因と認めた。（2011年5月）

尾木コメント

これは画期的な判決だと思います。裁判所が「いじめ」問題について、ここまで踏みこんだことに新しい可能性を感じますね。こういう判決を導き出すほど、「いじめ」は心に残酷な傷をつけるということです。ですから、特に遺族にとっては大歓迎の判決だと思います。学校関係者から親御さんたちも、「いじめ問題の本質というのは、ここまで酷いんだ」ということを改めて認識して欲しいですね。

何でも「コピペ」で済ませる検索エンジンと「知恵袋」の世代

大学入試のネットカンニングで仙台の予備校生が逮捕された事件を、一部の大学では「今の入試制度のあり方に対する挑戦」と受け止めた。しかし、多くの子どもたちにとって、「グーグル検索エンジン」や「ヤフー知恵袋」は、夏休みの宿題や先生に聞きにくいことなど、ドラえもんのように何でも教えてくれる日常の装置となっている。「答え」を求めるのではなくどう考えるか、人と人とかかわりあう中で何を達成するか、など別の次元の教育が求められている。（2011年3月）

尾木コメント

インターネットに直接つながるケータイ電話の普及で、今は、大抵の情報はケータイで取れる時代になっているわけですよね。ニュースはばんばん流れてくるし、学生たちはすぐ手のひらケータイでパッと検索します。

それで見ると、一つの情報、あるいは一つのデータの裏に生身の人間がいるんだということが見えにくくなっているのかもしれませんね。この問題からも、日本は「企業先行型の消費社会で、メディアリテラシー教育が後追いになってしまっている」という悲しい現実が見受けられます。

コピペ：文章やデータなどをコピー（複写）し、それを別の場所へペースト（貼付）するという操作を表す俗称的な略語。転じて、著作物などを勝手に写し取ること。
ヤフー知恵袋：Yahoo! JAPANが運営する、電子掲示板上で利用者同士が知識や知恵を教え合う知識検索サービス。2010年6月現在、4千162万件の項目を有し、登録者数800万を超える巨大サイト。

「子ども七人に一人が貧困」に危機感 貧困家庭向けの「無料塾」各地で

ひとり親や家計が苦しい家庭の子どもたちに寺子屋形式で勉強を教える「無料塾」が広がっている。教えているのは教員や学生、会社員など。無料塾が広がる背景には、「なくそう！　子どもの貧困」全国ネットワークの存在がある。子どもの七人に一人が貧困という実体が国の調査であきらかになり、危機感を強めた福祉、教育関係者らが昨年設立した。（2011年7月）

尾木コメント

子どもの貧困のない社会、子どもの貧困を放置しない社会をめざすなかで、現実問題としていたたまれなくなって、とりあえずやろうという、一つの動きとしては評価できるし、見捨てられない思いを形にしてくれているという点では有難いなと思います。ただ、そうなっている背景についても、同時に踏み込んで解明していって欲しいですね。そうでなければ個別に対応しきれる問題ではないし、善意も焼石に水で終わってしまう危険があります。

求む社会人先生、人生経験を伝えて

教員免許がない社会人に小・中学校の先生になってもらうユニークな制度を名古屋市が2011年度2学期から始める。「人生経験を子どもに伝えて欲しい」との市長の発案で公募が始まった。新制度「キャリアマイスター」は社会人を非常勤講師として採用。総合的な学習の時間に、特技を教えるだけでなく担任補助として生徒や児童に生活指導もするという。（2011年5月）

尾木コメント

「人生経験を子どもに伝えて欲しい」といいますが、どういう人生経験かということがいちばん大事なことなんですよね。人生経験なら何でもいいわけじゃないでしょ。どんな社会経験を伝えるのか、それが子どもたちにどう生かされるものなのかなど、事前に想定して人選する必要がありそうですね。

「自分を好きじゃない」二人に一人、自信が持てない子どもたち

小・中学生の二人に一人は「自分のことを好きではない」と考えていることが、山梨県教育研究所が行ったアンケートでわかった。競争社会の中で、自分に自信が持てないことが背景にあるとみられ、同研究所は「自分を肯定的に見られないと不登校につながる可能性がある」と指摘している。調査は公聴会や山教組などでつくる同研究所が、県内各地の小学5年生と中学2年生を抽出して実施した。「自分のことが好きか」との質問では、「思わない」、「あまり思わない」の合計が中学生で56%、小学生で45%に上った。（2011年5月）

尾木コメント

深刻ですね。日本は、自己肯定感の調査を実施すると小学校、中学校、高校、大学、どの学校種でとっても世界最

下位レベルなんですよ。これは日本の子どもは世界一幸福度が低いというのと完全に合致していますね。

子育てとか教育の目標というのは、例えばヨーロッパなんかでいえば、精神的に自立させるということと、自分を好きな子にするということなんですよね。これらがあったら後は何とでも生きていけるんです。けれども、日本はそこにまだ気がつけないんだと思います。

非正規教員増加 教員が生活できずアルバイト

公立小中学校の教員のうち、常勤や非常勤講師の「非正規教員」が２０１０年度10万９千人となり教員全体の15・６％と過去最高となった。人件費抑制や少人数指導のため、給与水準の低い教員を年々増やした結果だ。

非正規教員は、夏休みなどは収入が途絶えアルバイトを掛け持ちする教員も多い。非正規教員には研修制度がなかったり職員会議にも出席できないなど、教育の質の低下につながる恐れも出ている。（２０１１年３月）

尾木コメント

非正規教員の中には2校、3校掛け持ちの先生もいます。そうすると何百人とか千人とかの生徒を受け持っていることになります。これではどこの学校の子だったかなとか学校の子の判断もつかないし、ましてや名前なんか覚えられるわけがないでしょう。このように子どもたちへのしわ寄せが起きているのが現状です。基本線は教員の正規雇用化です。

ブラジル人学校、苦境 親の勤務先休業…やめる子次々

東日本大震災の影響でブラジル人学校が苦境に陥っている。保護者が勤務先の休業などで学費を払えなくなり、学校に通えない生徒が増えているという。ブラジル人学校で「各種学校」として認められたところはわずかで、多くは補助金を受け取れない。茨城県のある学校では授業料は５万円程度と高い。県内４校のうち１校は震災後に閉鎖した。小中学生は地元の学校に通うこともできるが、言葉や習慣の壁があり、受け入れ態勢は整っていない。（２０１１年４月）

尾木コメント

これは国際的に最も恥ずかしいことで、「2世、3世であっても母国語を習得する機会を保障する」ことと国際条約で決められているんですよ。でも、日本はやっていません。さらに震災の影響で学校は苦境に立たされています。ぜひ国や自治体は、学校や家庭を支援してほしいと思います。

震災後を生きる子どもたち

2011年3月11日の東日本大震災の問題解決なしに、これからの日本の教育は語れません。ここでは、震災後を生きる子どもたちの問題にスポットをあててコメントします。

心のケアまず先生から

東日本大震災の被災地に養護教諭やカウンセラーらが続々入り、教員らを支える活動をしている。被災地の先生方は、学校再開後も、避難所運営等で手一杯で教え子や自分の家族とも十分に向き合えないといった悩みを抱えている。3月下旬に現地入りした秋田県の小野敬子教諭は「先生はいつ倒れてもおかしくない状態だった。子どものためにも先生を支えることが最優先にやるべきこと」と振り返る。（2011年5月）

尾木コメント

被災地の教員のバックアップは、とてつもなく大きな課題だと思いますね。現地の先生方は被災地に住んでいるわけですから、実際に自分も被災していたり、当然ながら家族が犠牲になっている方もいます。まずは、先生方の心のケアをどうするかが問われます。それからやたら張り切っている先生がいます。張り切れるわけがないのに張り切っちゃうわけですよ。どこかで、どーっと反動が出てくるような気がします。ちょっとほっとする頃が危ないですね。自殺者が相次ぐ危険性もあります。

被災者の心に寄り添う、地域に幅広くケアの網を

被災地の子どもたちの間で「津波ごっこ」が流行り「死ぬ」、「殺す」といった攻撃的な言葉が増えた。過酷な体験をし、心に不安や苦しみを抱えた子にどう接するか先生方は悩んでいる。気が張りつめた時期を過ぎると、心の動揺が様々な変調になって現れる。そばで見守り子どもたちに「つながっている」という感覚を持ってもらうことが大切だ。（2011年6月）

尾木コメント

研究者やカウンセラーの中には、「トラウマとして残るのは、データ的に2割から4割だからそんなに心配ないんだ」みたいな発言をしている人がいます。こういうアカデミズムに陥り過ぎたデータ主義というのからも脱

却すべきです。「一人であっても救う」という構えを忘れちゃいけないと思いますよね。

臨床心理士学会なんかも提言を出していますがちょっと傍観的な提言です。子どもたちのトラウマのケアには、専門家の知恵や支援が不可欠です。ぜひ、現場の教員や養護教諭、そして親たちの見本を示してほしいですね。

被災現場を考えない人事異動、教員移動に先生も生徒も大混乱

宮城県教育委員会が、4月1日付けで人事異動を発令した。教員や保護者からは「子どもの心のケアが緊急の課題。非常時なのだから凍結すべきだ」と反発している。県教委では「一定期間、旧在籍校と異動先の兼務する」としているが、現場では「自分も被災し、クラスの子らも行方不明で学級編成もできない。とても移動できる状況ではない」、「新任教師が来るようだが、住む場所など確保できない。県教委は現場を見に来るべきだ」などと混乱が広がっている。（2011年4月）

尾木コメント

コメントの言葉もないです。本当にこれが日本の教育界の特性なんですよね。人事異動を発令した宮城県だって、県庁なんかも全部人事は凍結しているわけで、動かしたのは教育委員会だけなんですよね。

もっとも人間的でなくてはいけないし、もっとも子どもたちを大事にしなくてはいけない教育委員会という行政組織が、ここまで酷いというのは、問題ですじゃ済まないほど…。もうこれ以上言えません。

学校施設を地域の防災拠点に、文科省が報告書まとめる

東日本大震災を受け、文部科学省は、全国の学校施設を地域の防災拠点として整備して行く方針を固めた。学校を震災発生時の被災者の緊急避難や、数日間の生命・安全の確保、数週間の生活のための機能が求められると明記、食料や燃料、ストーブなどの備蓄とそのための倉庫の整備を求めている。避難路の確保や学校の高層化も提言。復興にあたって学校が地域コミュニティの核となるよう役所や福祉施設と一体として整備する案も示した。国が予算面で支援し、対応を促す。（2011年6月）

尾木コメント

この問題の本質は、地域から学校を無くしたら駄目だということを前提として、統廃合を含めて学校を見直さ

なきゃいけないということです。「どんなに小さくても、学校は命を守る地域住民のための施設」です。それが改めて浮き彫りになったと思います。ですから、今、統廃合を進めているところは「ちょっと待てよ」と、そういう視点から見直してみてもいいのではと思います。

子どもの被曝量の基準、定まらず 教師も保護者も不安募らす

文部科学省は、学校での児童・生徒の年間被曝量を1ミリシーベルト以下に抑えることを目指す指針をまとめた。既に示した校庭利用制限を巡る年間20ミリシーベルトという基準値に対して保護者らの批判が止まず、放射線量低減に積極的に取り組む姿勢を示した。

しかしその後も国の方針は揺れ動き、教育現場では放射性物質に対する苦悩が尽きない。放射能という「見えない敵」の浸食に教師も保護者も不安を募らせる。専門家は、子どもにとって安全な場所を増やすよう呼びかけている。（2011年7月）

尾木コメント

そうですよね。放射能問題の基本的なスタンスは、「子どもたちに被害を出さない」ということだと思います。前提として、「未曾有の事態が発生したんだということ」と、「人類が経験したことのないような放射能汚染の事故にあっている」という自覚が必要です。基準を設けるなら、国際基準は最低限、守るべき数値だし、それよりも厳しい基準を設定しなければいけません。蓄積していくわけですからね。もっと恐れていいんです。

それを集団主義的な村意識みたいなので、あまりにも警戒していると除け者になったりとか、教育委員会は安全だ、安全だとしか言わないとか。ちっとも安全でないことが次々と出てきているんだから、いい加減目を覚まして、今回の事態の正しい認識をもつことが必要です。

原発被災地と子どもの健康管理 子どもの体調に異変じわり

東京のNPOが福島県郡山市で開催した医師による無料相談会には、放射線被害を心配する親子50組が殺到した。「上の子が一週間くらい前から、毎日大量に鼻血が続いたので心配で」と、思い詰めた表情で母親らが相談した。診察した小児科医は、「放射線障害かは判断できないが、ひとまず血液検査で白血球を見てもらい、記録を残す事が大切」と助言した。（2011年6月）

尾木コメント

かつて子どもの誘拐や不審者による傷害事件が起きたときに、子どもたち全員に「電子ブザー」を配布したことがありました。今回の福島第一原発事故の放射能汚染では、同様にして子どものいる家庭に「放射線測定器」を全戸配布するくらいの体制をとっても良いのではと思います。それくらい今回の放射能汚染は深刻だし、それ以前に汚染度の実態を国が把握できていないわけですし、汚染地域にはホットスポットもあるわけで、放射能の線量計を持ち運びながら暮らすということをしても、し過ぎることではないと思います。

放射能をどこまで我慢するか 汚染の中で生きる覚悟を

旧ソ連のチェルノブイリ原発事故の影響について現地調査を続けて来た京都大学原子炉実験所助教の今中哲二さんは、福島第一原発事故の被災地でも、汚染された地域での綿密な被爆線量調査の必要性を説く。今中さんは、放射性物質の分布は濃淡が激しく、住宅一軒ずつのデータが必要で、あらゆる食品の放射能も、住民の内部被曝の度合いも調べるべきだと語る。福島だけでなく、東京もそれなりに汚染されている。今中さんは、「私たちはもはや、放射能ゼロの世界で暮らすことは不可能になった。これからは、放射能汚染の中で生きて行かなければならない。その事実を受け入れたうえで対策を考えなければ」と説く。（２０１１年６月）

尾木コメント

そのとおりだと思います。放射能汚染の「適切な恐れ方」というものを、それぞれの場面とかそれぞれの生活のスタイルのなかで、具体的にどうしていくのかという策をどんどん打ち出していかなければいけないと思いますね。そのためにはデータを隠したら駄目で、すべてを正しく公表して、いろんな人たちがいろんな知恵を出して研究をしたり、基準を設定していけるような状況にしなければいけないと思いますよね。

子どもへの影響を心配する親の要請 給食の食材も放射能測定へ

横浜市立の小学校では平日毎日、市教委が選んだ野菜一検体を、食材を納入する業者が検査機関に持ち込んで放射能測定をしている。これまでに茨城産のピーマンやネギ、群馬産の小松菜などを調べたが何れも不検出（基準値以下）だった。こうした動きを後押ししたのは、親たちからの相次ぐ要望だった。市教委の清水文子課長は「疑心暗鬼で測定しているのではなく、あくまで保護者の不安を払拭するため」と説明する。（2011年7月）

尾木コメント

いくつかの自治体で産地の開示を始めましたが、産地の開示だけでは全然安全ではなくて、一番科学的なことを言えば、放射能がどれだけ含まれているのかという測定値を表示した方がいいと思います。放射能汚染濃度の高いホットスポットの問題でかなり明らかになってきましたけれど、福島県の複数の市などでの牛の飼料の干しわらや、静岡産の茶葉ではありませんが、地域でなく地点で捉えて安全性を確認しないとだめで、「単純に地域や福島第一原発からの距離だけでは、安全性は判断できない」ということを、マスメディアはもっと伝えるべきだし、国もそのことについて教師や父母に情報を発信すべきです。

東電社員を父に持つ小学6年生の手紙に全国から反響

東京電力の社員を父親に持つ小学6年生が『毎日小学生新聞（毎日新聞社刊）』に送った、「世界中の人が無駄に電気を使ったことが原発をつくる原因になった。つくるきっかけをつくったのは、日本人をはじめ世界の人びとです」という手紙に対し、全国から反響。「私たちは原発はクリーンで、安全で不可欠なものだと教えられて来ました。それをしたのは東電と国です」、「私の友だちに、お父さんが東電で働いている子がいます。どうして、何も悪くない彼女までもがいじめられるのでしょうか」など様々な意見が寄せられた。（2011年6月）

尾木コメント

こういうことはやるべきではないですね。その子にとっては、どんな会社で何の仕事をしていようが、尊敬するいいパパなんです。そのことと福島第一原発の放射能汚染事故の問題をすり替えるなと言いたいですね。『毎日小学生新聞』に東電社員の子どもがお手紙を書く」、ことについては何の問題もありません。子どもの素直な気持ちですから。でも、それを取り上げて記事にすることはメディア側の姿勢ですよね。そうしたら、「この場合どういう反響が起きるか」というのは目に見えていますよ。そこでストップすべきで、公表してしまったことに問題があると思います。当然このことについては利害関係も激突して議論が分かれているわけで、さらに、やらせをしようと思わなくても結果やらせになるようなことだってあるかもしれないわけですよね。だからそこのところはすごく慎重になるべきだと思います。

OGI NAOKI THE BEST BOOKS

尾木直樹 著

日本の教育をもっと良くし、子どもたちの幸せを願う全ての方に…

ベストブック

教育はどこへ行く？ 教師へ、親たちへ

「学力低下」をどうみるか

尾木直樹著
NHKブックス
定価1019円（税込）
251p/ B6判/
2002年11月刊

「学力低下」の一因は、子どもの学習意欲の低下にあります。授業の質を高め、詰め込み型から、意欲を生む授業へと転換をして学力向上と生きる力を育む、未来を切り拓く学力論について考えます。

教育格差の真実 どこへ行くニッポン社会

尾木直樹　森永卓郎共著
小学館101新書
定価756円（税込）
206p/新書判/
2008年10月刊

所得格差により教育格差が生まれ、その格差が広がりつつも何も手を下さない国ニッポン。読み進むにつれて『日本って本当にこれで良いのかな』という思いが強くなる一冊です。

日本人はどこまでバカになるのか

尾木直樹著
青灯社
定価1575円（税込）
238p/B6判/
2008年4月刊

国際調査で日本人15歳の学力がさらに低下していることが判明。発想転換のできない文科省の新学習指導要領。国際社会に取り残されない、生きる力を育てる学力観や家庭での子育てのあり方を提言します。

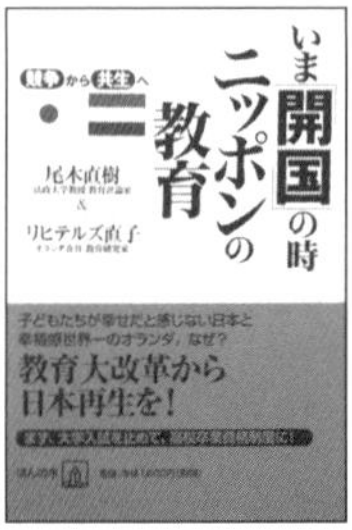

いま「開国」の時、ニッポンの教育

尾木直樹
リヒテルズ直子共著
ほんの木
定価1680円（税込）
264p/ 四六判/
2009年5月刊

尾木直樹さんと、オランダ在住教育・社会事情研究家、リヒテルズ直子さんによる対談です。今の日本の教育鎖国についての具体的提言が書かれていて、この本を読んでいくと未来への希望が沸いてきます。

下記の専用サイトからもお申し込み頂けます。
尾木直樹書籍通信販売サイト　http://shizennakurashi.sakura.ne.jp/books_oginaoki/

教師格差
―ダメ教師はなぜ増えるのか

尾木直樹著
角川Oneテーマ21
定価720円(税込)
221p/ 新書判/
2007年6月刊

「教師格差」は教育崩壊のもうひとつの現実です。なぜ教師力は落ちたのか?　追いつめられ、教師格差が生じている現状や苛酷な教育現場の実態など、その背景を分析し教育再生への道筋を照らします。

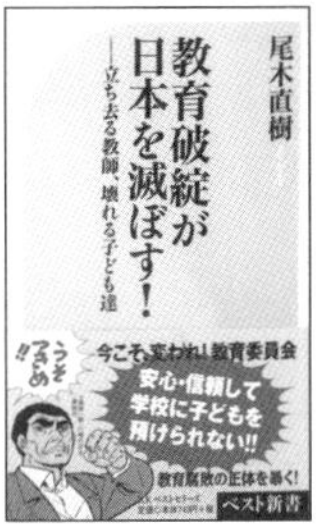

教育破綻が日本を滅ぼす!
―立ち去る教師、壊れる子ども達

尾木直樹著
KKベスト新書
定価780円(税込)
212p/新書判/
2008年12月刊

教育委員会が教師や親、子どもにいかに影響を与えているかということについて解説。現在の教育委員会が抱えている問題点を的確にとらえ、教師以外の人にもわかりやすく説いている内容です。

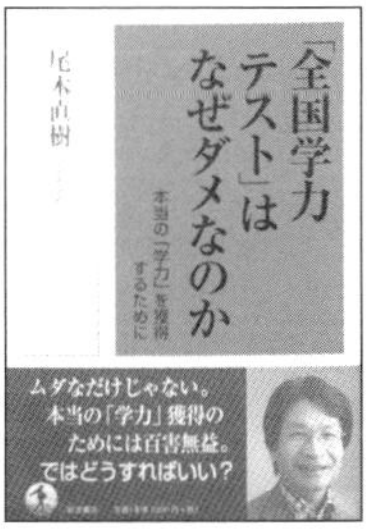

「全国学力テスト」は
なぜダメなのか

尾木直樹著
岩波書店
定価1260円(税込)
120p/B6判/
2009年12月刊

競争すれば学力は上がると信じて実施された「全国学力テスト」の結果は、むしろ学力低下と競争の激化でした。その挫折した経緯と、ゆとり教育が本来目指していたものについても言及しています。

子どもが自立する学校
―奇跡を生んだ
実践の秘密―

尾木直樹編著
青灯社
定価2100円(税込)
367p/四六判/
2011年1月刊

生徒が自主活動をはじめる、荒れやいじめが収まる、進学率も急上昇。全国8校の中学・高校が、どのようにして、子どもが主役の学校づくりを進めていったのかを紹介。創意工夫と具体的ヒントが満載です。

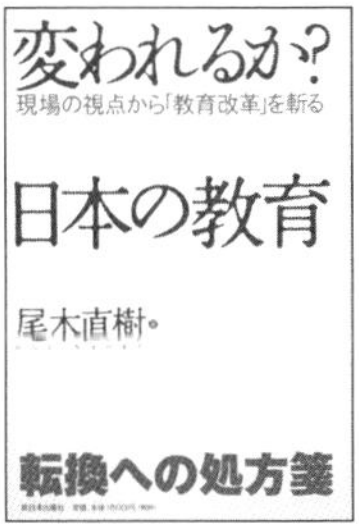

変われるか?日本の教育
現場の視点から
「教育改革」を斬る

尾木直樹著
新日本出版社
定価1890円(税込)
245p/四六判/
2009年9月刊

今後さらに進むと予測される少子化。しかしその教育の場を、自分の地位しか考えようとしない教師が担っているとしたら?　これまでの教育問題を明らかにし、今後の進むべき方向を示唆する転換への処方箋。

学校を元気にする
50のルール

尾木直樹著
三省堂
定価1680円(税込)
255p/四六判/
2008年5月刊

「真の教育改革とは何か?」あらゆるメディアでそれを問い続ける著者が書き下ろした、学校を元気にする「50のルール」。子どもを主役にした指導ポイントや、親との相互理解、親と連携するコツを模索します。

子どもの危機をどう見るか

尾木直樹著
岩波新書
定価819円（税込）
244p/新書判/
2000年8月刊

子育てをしている親、教師として、いじめ、引きこもり、不登校など社会で起きている子どもを取り巻く様々な問題がわかる本。また、これらの問題をどう打開するかについて分析と実践例を提示しています。

「ケータイ時代」を生きるきみへ

尾木直樹著
岩波ジュニア新書
定価819円（税込）
244p/ 新書判/
2009年3月刊

全国約3千人に及ぶ中高生のケータイ生活の実態調査データを用いながら思春期とケータイとの関係性を子どもの目線で考えます。中高生にとってのケータイの必要性を検証するのにたいへん参考になる一冊。

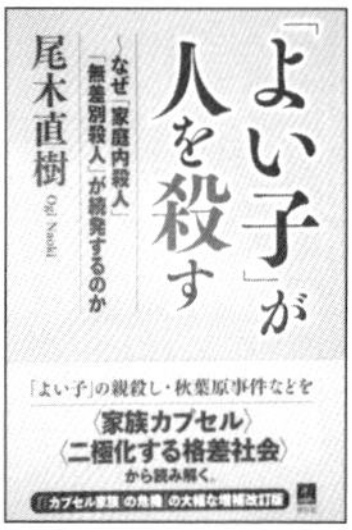

「よい子」が人を殺す　なぜ「家庭内殺人」「無差別殺人」が続発するのか

尾木直樹著
青灯社
定価1890円（税込）
242p/四六判/
2008年8月刊

若者による家庭内殺人や秋葉原事件のような無差別殺人が続発しています。これらの要因は何か。若者による事件背景、克服する道を、「格差社会」、「家族カプセル」、「子ども観」等の見直しのなかで考えます。

思春期の危機をどう見るか

尾木直樹著
岩波新書
定価819円（税込）
233p/新書判/
2006年3月刊

「普通の子」による凶悪事件、ネット犯罪、誘拐。様々な事例を丹念に検証し、今日の子育てや教育の問題点を具体的に指摘。現代における「思春期」の意味を改めて問い正します。

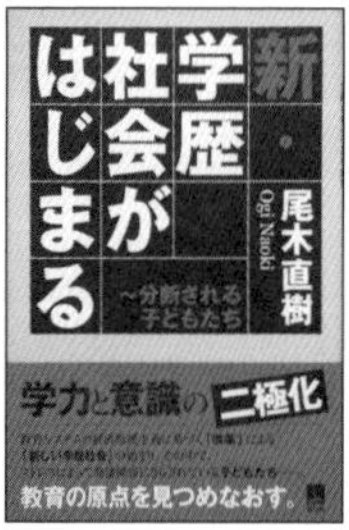

新・学歴社会がはじまる

尾木直樹著
青灯社
定価1890円（税込）
268p/四六判/
2006年11月刊

私立中学や中高一貫校に進む少数のできる子と、その他大勢のできない子の学力の二極化が進んでいます。さらに、国のエリート教育政策が、学校現場を荒廃させていると指摘。その深刻な現状と再生を考えます。

いじめ問題とどう向き合うか

尾木直樹著
岩波ブックレット
定価504円（税込）
71p/ A5判/
2007年3月刊

深刻化する今のいじめと絶望する子どもたち。「いじめと家庭」、「なぜ、学校はいじめを止められないのか」など、今日のいじめの特徴や背景などから、その問題点を考察。いじめの克服法についても論じています。

下記の専用サイトからもお申し込み頂けます。
尾木直樹書籍通信販売サイト　http://shizennakurashi.sakura.ne.jp/books_oginaoki/

尾木ママの「叱らない」子育て論

尾木直樹著
主婦と生活社
定価1000円（税込）
176p/四六判/
2011年2月刊

子育てのポイントは「叱る」代わりに「ほめる」ことです。誰でもほめられるとうれしくなって、さらに頑張ります。子どもはニコニコ笑顔。ママもハッピー。そんな、子育てを楽しむコツをお教えいたします。

尾木ママの「凹《へこ》まない」生き方論

尾木直樹著
主婦と生活社
定価1000円（税込）
172p/四六判/
2011年9月刊

毎日イヤでも押し寄せる悩みや不安、そんなときにも落ち込まないで、明るく前を向いて生きるための“尾木ママ流”生きるヒント。読んでいくと肩の力が自然と抜けて、ラク～な日々がきっと過ごせます。

うちの子の幸せ論 個性と可能性の見つけ方、伸ばし方

ほんの木編（尾木直樹共著）
ほんの木
定価1680円（税込）
199p/四六判/
2007年6月刊

競争、学歴社会はいやだけど、子どもの将来を考えるとどうしたらよいか不安…。そんなご両親を応援する本。子どもにとっての幸せな未来とは何か？　について尾木さんを始め6名の専門家からのメッセージをまとめました。

尾木ママの黙ってられない！

尾木直樹著
KKベストセラーズ
定価1100円（税込）
192p/四六判/
2011年4月刊

幼少時代の思い出や教師時代の不良生徒とのやりとりなど、「尾木ママ」誕生に至るまでの尾木直樹さんの半生を振り返ります。テレビや著書に込められた、尾木さんの教育への熱い思いの背景がわかる一冊です。

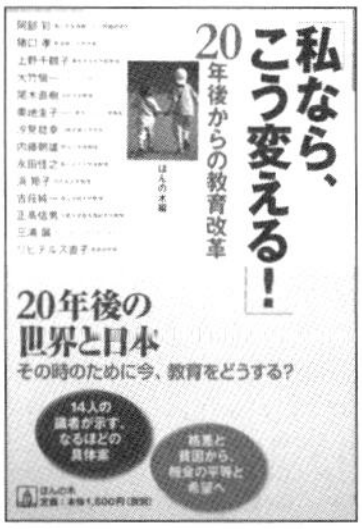

私なら、こう変える！ 20年後からの教育改革

ほんの木編（尾木直樹共著）
ほんの木
定価1680円（税込）
201p/A5判/
2010年1月刊

明確な未来を示せないまま閉塞している日本の教育。その影響は子どもたちにいじめ、不登校といった形で現れています。「20年後の日本のために今、どうあるべきか？」そんな疑問を解くヒントが見つかる一冊です。

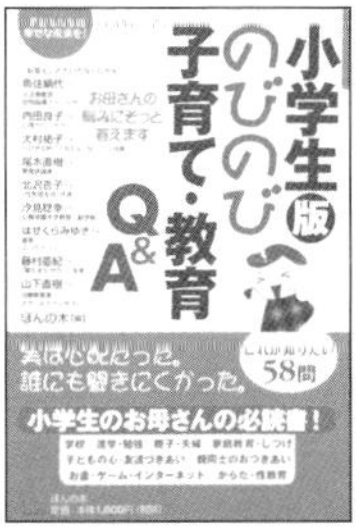

小学生版のびのび子育て・教育Q&A

ほんの木編（尾木直樹共著）
ほんの木
定価1680円（税込）
207p/四六判/
2007年9月刊

いじめや引きこもり、お金やゲーム、インターネット等、今の日本ならではの社会や教育の問題について、ご家庭での悩み、ストレスが増えています。その解決の糸口をテーマ別にQ&A形式で具体的に紹介しています。

これらの本はすべて「ほんの木」にお申し込み頂ければ、通信販売でお求めになれます。くわしくは、TEL 03-3291-3011、FAX 03-3291-3030、Eメール info@honnoki.co.jpにお問い合わせ下さい。

尾木直樹
教育評論家、臨床教育研究所「虹」所長、法政大学教授、早稲田大学大学院教育学研究科客員教授。

1947年滋賀県生まれ。早稲田大学卒業後、海城高校や公立中学校などで教師として22年間、ユニークで創造的な教育実践を展開。

その後、臨床教育研究所「虹」を設立し、子どもと教育等に関する調査・研究活動に取り組む。また全国への講演、テレビやラジオへの出演、新聞・雑誌への執筆、著書の出版等に幅広く活躍する。

最近は、テレビのバラエティ番組にも出演。「尾木ママ」の愛称で親しまれている。著書は180冊を超える。


臨床教育研究所「虹」

教育評論家・尾木直樹の調査・研究・評論活動をサポートすると共に、子ども・青少年、教育、メディアに関わる課題に対してフィールドワークを土台とした調査・研究活動を進めている。

あまり知られていない学校の内実や子どもたちの姿をリアルにとらえて、社会に伝えていくと同時に、閉鎖的になりがちな学校にも社会の風を吹き込んでいく。

また、学校と社会の間を評論、調査・研究等を通して「虹」の掛け橋としてつなぐことを目指している。

さらに、教育界や社会の動きに敏感に対応しながら調査・研究活動を行い、その成果は「レインボー・リポート」としてまとめて情報発信をしている。

「未来への教育」シリーズ①
尾木ママの 教育をもっと知る本
著者　尾木直樹
協力　臨床教育研究所「虹」　花塚絵理子　渡部樹里　服部紗衣子　趙明

2011年10月11日　第1刷発行
2011年11月15日　第2刷発行

企画　（株）パンクリエイティブ
出版プロデュース　柴田敬三

発行人・編集人　高橋利直
発行所　（株）ほんの木
〒101-0054　東京都千代田区神田錦町3-21 三錦ビル
TEL 03-3291-3011　FAX 03-3291-3030
Eメール info@honnoki.co.jp　URL http://www.honnoki.jp
印刷所　中央精版印刷（株）

デザイン　石塚亮
イラスト　松橋元気
写真　黒佐勇
写真協力　KKベストセラーズ
編集　（株）ほんの木
編集協力　大野拓夫
営業　野洋介
総務　岡田承子　寺嶋万咲子

郵便振替口座 00120-4-251523　加入者名（株）ほんの木

ISBN978-4-7752-0077-3　C0030

尾木直樹さんの共著4冊!

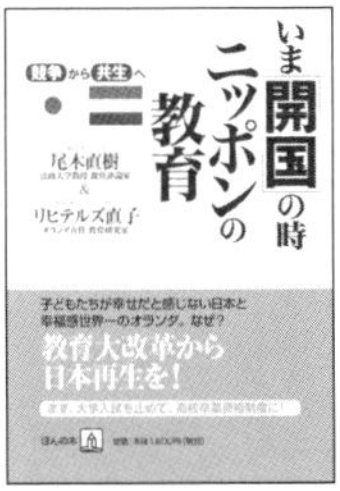

いま「開国」の時、ニッポンの教育

尾木直樹 リヒテルズ直子 共著

定価 1,680円(税込)

右傾化、受験戦争、経済格差…先進国から3周遅れの日本。今注目の論客二人が「子どもたちの幸福感世界一」の国、オランダの事例をもとに日本教育界への具体的提言を発信します。

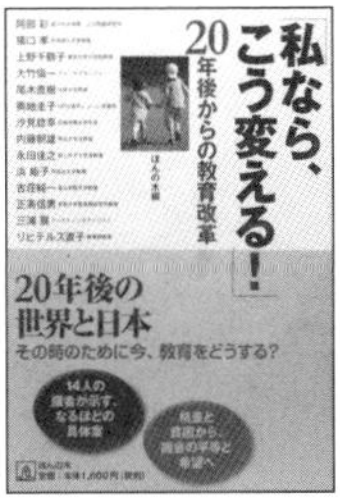

私なら、こう変える! 20年後からの教育改革

ほんの木 編

定価 1,680円(税込)

今から20年後の日本と世界を見据えながら、子どもたちが幸せに生きていくために、今、本当に必要なことを尾木直樹さん、上野千鶴子さんら14名と共に考えます。

うちの子の幸せ論

ほんの木 編

定価 1,680円(税込)

加熱する中学受験、塾、競争…学校だけではダメなの? 6人の教育者が、学力、競争一辺倒の教育に違和感を感じるお母さん、お父さんに贈る子どもの幸せな生き方の手引き。

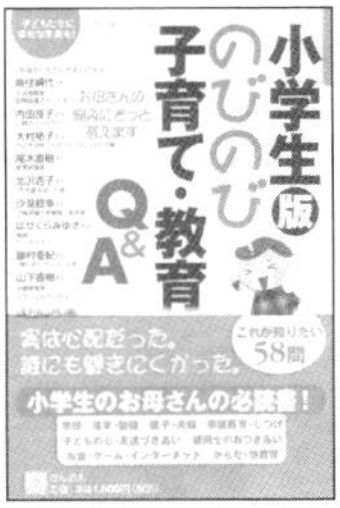

小学生版 のびのび子育て・教育Q&A

ほんの木 編

定価 1,680円(税込)

進学、いじめ、ネット、友だちづきあい、お金など、今時の小学生をめぐる親御さんの悩みは尽きません。教師や研究者など9人の子育てのプロが、子育ての悩みにすっきり回答。

ご注文・お問い合せ

ほんの木　TEL.03-3291-3011　FAX.03-3291-3030　メール.info@honnoki.co.jp
ホームページからもご注文頂けます。「ほんの木」のホームページ　http://www.honnoki.jp

定期購読ブックス、2〜3カ月に1冊、ご自宅にお届けします。

「未来への教育」シリーズ！

どうしても、日本の教育を世界レベルにしたい。
子どもたちの「幸せ感」をもっともっと高くしてあげたい。
尾木ママが強く願っていたビジョンが、ついに形になります！

教師や親と教育をご一緒に考えたい！

日本の教育を世界レベルにするために、教師を取り巻く環境の改善が不可欠です。そのために、先生方は1人で悩んでいないで、もっと教師間で情報交換をしましょう。

また、ときには子どもたちや保護者の方の力を借りて、ともに考えていくことも必要です。そうした観点から学校や教育、家庭についてご一緒に考えてみませんか？

子育てに悩むご両親と共に！

今の日本の教育制度や雇用環境の中で、子どもが落ち込むことがあっても、世界の潮流からすれば、落胆するようなことではありません。親がまず、国際的な視野を持ち、子どもの生きてゆく世界を広げてあげることです。

そして、すべての子どもたちにとって幸せな社会をつくるために目的や理念を親と子が共有していく。そのためにできることをご一緒に考えていきませんか？

「未来への教育」シリーズの主なテーマ（予定）

1号	尾木ママの　教育をもっと知る本 ～私が文部科学大臣なら、こう処方箋を書く～	4号	学力と子どもにとっての幸せ ～競争、学歴社会よ、さようなら～
2号	子どもを愛してますか ～家庭、学校、社会、子どもは未来の宝石～	5号	教師格差と困った親たち ～モンスターペアレントとモンスター教師～
3号	学校と子どもを元気にする方法 ～学校、学力、教師力。親とともに考える～	6号	いじめと家庭、いじめと学校 ～いじめのあるクラスと無いクラス～

２～3ヵ月に１冊発行のA5サイズのブックレットシリーズです。（次年度以降は、新たな６冊シリーズへ自動継続できます）6冊セット割引購読料は、定価1,575円×6冊=9,450円（税込）のところ、8,400円（税込）【送料無料】とお得です。各号“バラ”での購入も承ります。

6冊セット割引購読料のお支払いは、以下の3つの方法からお選びください。
❶お届け時に宅配代引による6冊セット購読料8,400円（税込）【送料無料】お支払い。
❷お届け後に別送の振込用紙による6冊セット購読料8,400円（税込）【送料無料】お支払い。
❸郵便振替による前払い…郵便局の振込用紙に以下①～⑥の必要事項を明記の上、8,400円（税込）【送料無料】をお振込み下さい。①ご住所　②お名前　③電話番号　④メールアドレス　⑤ご職業　⑥「未来への教育」シリーズ年間購読希望と必ず書いて下さい。
●郵便口座番号 00150-5-137934　加入者名 ほんの木

お申し込みは、お電話、FAXメールで受付いたします。
「ほんの木」●〒101-0054東京都千代田区神田錦町3-21　三錦ビル３階
●TEL 03-3291-3011　●FAX 03-3295-1080　●メール info@honnoki.co.jp

もし、あなたが、その子だったら？

ほんの木 編

定価 1,575円（税込）

LD、ADHD、自閉症、アスペルガー症候群など障がいを持つ子どもとどう共生していけるのか？　親として、周りの大人として、子どもを受け止め、共に生かし合うための第一歩を学びます。

ほめる、叱る、言葉をかける 自己肯定感の育て方

ほんの木 編

定価 1,575円（税込）

「自分はこれでいい」と思える自己肯定感が、今の子どもたちには不足しています。日常の何気ない一言など、親として子どもの自己肯定感を育むためにできることを学ぶ本です。

気になる子どもと シュタイナーの幼児教育

スクールカウンセラー・シュタイナー治療教育家　山下直樹 著

定価1,680円（税込）

障がいを持つ子どもたちの理解やよりよい支援の仕方をスクールカウンセラーとして活躍するシュタイナー治療教育家がわかりやすく綴ります。子どもの本質と向き合う姿勢が評判。

暮らしの知恵と生活マナー

未来空間代表　栗田孝子 著

定価1,680円（税込）

暮らしと生活のベテラン編集者が、いつの時代も変わらずに子どもたちに伝えていきたい生活の知恵を厳選して編集。家事やマナー、生活術をかわいいイラスト入りで紹介します。

家庭でできるシュタイナーの幼児教育

ほんの木「子どもたちの幸せな未来」編

定価 1,680円（税込）

7年周期説、4つの気質、自然のぬくもりのあるおもちゃの大切さなど、誰もが親しめ、家庭や幼稚園などで実践できるシュタイナー教育のエッセンスを28名の専門家が解説した入門書。

空がこんなに美しいなら

ひびきの村前代表　大村祐子 著

定価 1,680円（税込）

シュタイナー思想を生きる共同体「ひびきの村」の四季折々の美しい写真と著者の珠玉のエッセイが織り成す「生命への賛歌」。若者、子を持つ親、中高年代の悩み多き人に贈ります。

子育てがうまくいくとっておきの言葉

ほんの木 編

定価 1,680円（税込）

自然派ママに人気の「子どもたちの幸せな未来シリーズ」全30冊から心に残る一言集ができました。食やしつけなど、テーマ別のシンプルな言葉の数々に、発見や納得が詰まっています。

アマゾン、インディオからの伝言

熱帯森林保護団体代表　南研子 著

定価 1,785円（税込）

朝日新聞、天声人語も絶賛！　電気も水道もガスもない、貨幣経済も文字も持たないアマゾンのインディオたちとの12年以上に渡る支援と交流を、女性NGO活動家が綴った衝撃のルポ。

政権交代、さあ次は世襲政治家交代

ほんの木 編

定価 1,470円（税込）

政界を牛耳る世襲政治家たち。日本の「アンフェア」とも言える彼らの問題点を、インタビューや海外事例の紹介など多角的に検証し、真の民主主義を考えます。